Reichsstrafrecht

und

Deutsche Schutzgebiete.

Von

Dr. jur. Herbert Kraus
in Dresden.

Berlin 1911.
J. Guttentag, Verlagsbuchhandlung,
G. m. b. H.

Vorwort.

Den interessanten Vorgang darzustellen, wie sich ein neues, selbständiges Recht vor unseren Augen, gleichsam sichtbar, auf dem jungen Kulturboden des Deutschen Kolonialbesitzes mächtig hervorringt und zur Verwirklichung drängt, muß den berufenen Federn der Kolonialrechtslehrer überlassen bleiben.

Aber dieser Vorgang, der mir auf kriminalistischem Beobachtungsposten vor Augen trat, war so reizvoll, daß er das Wagnis veranlaßte, vom Strafrecht ausgehend, und mit Beschränkung wesentlich auf strafrechtliche Dogmatik hier mit den Mitteln der Strafrechtswissenschaft wegräumen zu helfen, was fallen muß und zum neuen Bau einen kleinen Baustein darzureichen, soweit der Ausgangspunkt das zuläßt.

So ist die vorliegende Studie eine Gelegenheitsarbeit. Gedacht ursprünglich als allgemein orientierender Aufsatz gelang es nicht, die sich zur Verarbeitung herandrängende Überfülle des Stoffes in das der Bedeutung des Themas entsprechende Maß eines kurzen Artikels zu fügen.

Aber auch so ist diese anspruchslose Studie weit von Vollständigkeit und Lückenlosigkeit innerhalb der gesteckten Grenzen entfernt.

Diese Entstehungsgeschichte mag die Mängel der folgenden Ausführungen entschuldigen.

Dresden im November 1910.

Inhaltsübersicht.

Literaturübersicht.*)

Doerr: Deutsches Kolonialstrafrecht. In der Zeitschrift für Kolonialpolitik, Kolonialrecht und Kolonialwirtschaft. X. Bd., 1908, S. 321 ff.

Fleischmann: Die Entwickelung des deutschen Kolonialrechts. In der Deutschen Juristen-Zeitung, XI, S. 1033 ff.

Gareis: Deutsches Kolonialrecht. 2. Aufl. Gießen 1902.

Gerstmeyer: Das Schutzgebietsgesetz. In Guttentags Sammlung Deutscher Reichsgesetze, Nr. 97. Berlin 1910.

von Hoffmann: Deutsches Kolonialrecht. Leipzig 1907.

Derselbe: Das deutsche Kolonialgewerberecht. In der Zeitschrift für Kol. Pol. usw., VIII, S. 164 ff.

Joël: Das Gesetz betreffend die Rechtsverhältnisse der deutschen Schutzgebiete vom 14. April 1886. In Hirths Annalen des Deutschen Reichs, 1887, S. 191 ff.

Koebner: Deutsches Kolonialrecht. In der von Holtzendorff-Kohlerschen Enzyklopädie, II. Bd. Leipzig 1904. S. 1077 ff.

Derselbe: Das deutsche Kolonialrecht. Deutsche Juristen-Zeitung, III, S. 21 ff.

Derselbe: Organisation der kolonialen Rechtspflege. Berlin 1903.

Derselbe mit Ziegler: Referate über deutsches Kolonialstrafrecht. In den Mitteilungen der Internationalen kriminalistischen Vereinigung, XI. Bd., 1904, S. 535 ff.

Naendrup: Entwicklung und Ziele des Kolonialrechts. Münster 1907.

Sabersky: Der koloniale Inlands- und Auslandsbegriff. Berlin 1907.

---

*) cf. auch die Anmerkungen. Hier sind nur die öfter benutzten und speziell kolonialrechtlichen Abhandlungen aufgeführt.

Sassen: Das Gesetzgebungs- und Verordnungsrecht in den deutschen Kolonien. Tübingen 1909.

Seelbach: Grundzüge der Rechtspflege in den deutschen Kolonien. Bonn 1904.

Sieglin: Die koloniale Rechtspflege und ihre Emanzipation vom Konsularrecht. Münster 1908.

von Stengel: Deutsches Kolonialstaatsrecht. In Hirths Annalen, 1887, 1889.

Derselbe: Die Deutschen Schutzgebiete, ihre rechtliche Stellung, Verfassung und Verwaltung. Ebenda, 1895.

Derselbe: Die Rechtsverhältnisse der Deutschen Schutzgebiete. Tübingen und Leipzig 1901.

Derselbe: Die Deutschen Schutzgebiete in der von v. Liszt herausgegebenen Sammlung: Die Strafgesetzgebung der Gegenwart, II. Bd. Berlin 1899. S. 385 ff.

I.

Historische Einleitung.

Als die Deutsche Reichsregierung es das erste Mal unternahm, für die Organisation der Deutschen Schutzgebiete eine gesetzliche Grundlage zu schaffen, wurde eine Regelung vorgesehen, welche dem Vorbilde der übrigen großen Kolonialmächte wie England, Frankreich, Dänemark, Spanien und Portugal im wesentlichen entsprach. Der dem Reichstag im Jahre 1886 unterbreitete Entwurf zu einem Kolonialgesetze bestand aus einem Paragraphen und hatte den folgenden Wortlaut:

> „Die Ausübung der Gerichtsbarkeit in den Deutschen Schutzgebieten, sowie die Mitwirkung der deutschen Behörden bei der Ausübung dieser Gerichtsbarkeit und die zur Anwendung kommenden Vorschriften des bürgerlichen Rechts und des Strafrechts werden durch kaiserliche Verordnung mit Zustimmung des Bundesrates geregelt.
>
> Die auf Grund dieses Gesetzes erlassenen Verordnungen sind im Reichstag sofort bezw. bei dessen nächstem Zusammentreten zur Kenntnisnahme vorzulegen".[1])

Es sollte danach der Kaiser zusammen mit dem Bundesrat, ohne beschließende Mitwirkung des Reichs-

[1]) Vergl. dazu die StenB. über die Verhandlungen des Reichstages, 6. LegPer. II. Sess. 1885/1886, IV. Bd. S. 441/442 Nr. 81.

tags die dem Reich über die Schutzgebiete zustehende Souveränität in den Schutzgebieten ausüben.

Die Reichstagskommission erkannte das hiermit ausgesprochene Prinzip an.[1]) Sie brachte es sogar dadurch noch besonders zum Ausdruck, daß sie in dem von ihr beschlossenen Gegenentwurf den Satz an die Spitze stellte, welcher noch jetzt den Eingang des geltenden Schutzgebietgesetzes bildet; „Die Schutzgewalt in den Deutschen Schutzgebieten übt der Kaiser im Namen des Reichs aus."

Andererseits aber glaubte sie nicht, für die Schutzgebiete auf eine, wenn auch beschränkte Mitwirkung der Reichsgesetzgebung verzichten zu können, und dies insbesondere auch nicht bezüglich der Strafgesetzgebung. Veranlaßt durch eine gewisse äußerliche Ähnlichkeit zwischen den Konsulargerichts- und Schutzgebietsbezirken in rechtlicher Hinsicht und unter Verkennung ihrer insoweit bestehenden grundlegenden Verschiedenheiten[2]) beschloß sie für die Schutzgebiete eine der durch das Konsulargerichtsbarkeitsgesetz vom 10. Juli 1879[3]) getroffenen entsprechende Regelung.

Das alte Kolonialgerichtsbarkeitsgesetz bestimmte u. a. im § 4, in betreff der Strafsachen sei anzunehmen. daß in den Konsulargerichtsbezirken das Strafgesetzbuch für das Deutsche Reich und die sonstigen Strafbestimmungen der Reichsgesetze gelten sollten.

---

[1]) Vergl. den Bericht der IV. Kommission v. 16. 3. 1886, StenB. II. Sess. 1885/1886, Bd. V. S. 985 ff. Nr. 201.

[2]) Vergl. dazu z. B. Koebners Ausführungen in den Mitt. der JKV., XI. Bd. S. 549; Organis. der Rechtspfl. in den Kolonien, 1903 S. 11 u. W.; vor allem aber Sieglin: Die kolon. Rechtspflege und ihre Emanzipation vom Konsularrecht, Münster 1908.

[3]) RGBl. S. 197.

Hierauf bezugnehmend ordnete demgemäß der Kommissionsentwurf, dessen Text unverändert zum Gesetz vom 17. April 1886[1]) wurde, in § 2 an:

> „Das bürgerliche Recht, das Strafrecht . . usw. bestimmen sich für die Schutzgebiete nach den Vorschriften des Gesetzes über die Konsulargerichtsbarkeit vom 10. Juli 1879 usw. . . .“

Damit war das sachlich noch heute unverändert geltende Prinzip aufgestellt, daß in den Deutschen Schutzgebieten Deutsches Reichsstrafrecht gilt.

Die besondere Gestaltung, welche das Schutzgebietsgesetz vom 25. Juli 1900[2]) diesem Prinzipe gegeben hat, ergibt sich aus den folgenden Bestimmungen:

Nach § 19 Ziffer 2 des neuen Konsulargerichtsbarkeitsgesetzes vom 7. April 1900,[3]) das an die Stelle des alten Konsulargerichtsbarkeitsgesetzes von 1879 getreten ist, gelten in den Konsulargerichtsbezirken „die dem Strafrecht angehörenden Vorschriften der Reichsgesetze.“

Nach § 3 des geltenden Schutzgebietsgesetzes sollen in den Schutzgebieten die in diesem § 19 bezeichneten Vorschriften der Reichsgesetze gelten. Außerdem führt § 3 des Schutzgebietsgesetzes den § 20 des Konsulargerichtsbarkeitsgesetzes an, der, soweit er hier in Betracht kommt, folgendermaßen lautet:

> „Die in § 19 erwähnten Vorschriften finden keine Anwendung, soweit sie Einrichtungen und Verhältnisse voraussetzen, an denen es »für die Schutzgebiete« fehlt.“

---

[1]) RGBl. S. 75.

[2]) RGBl. S. 809; Neuredaktion publiziert durch R.K.Verordng. unter dem 10. September 1900 (RGBl. S. 812).

[3]) RGBl. S. 213.

Eingeschränkt wird die Anwendbarkeit der hiernach geltenden Reichsstrafgesetze weiter einmal insbesondere durch die Bestimmung des § 4 des Schutzgebietsgesetzes, wonach „die Eingeborenen . . . den im § 3 bezeichneten Vorschriften nur insoweit unterliegen, als dies durch Kaiserliche Verordnung bestimmt wird." Auch sollen ihnen durch Kaiserliche Verordnung bestimmte andere Teile der Bevölkerung gleichgestellt werden können.

Von dieser Ermächtigung hat der Kaiser in der grundlegenden Verordnung betreffend die Rechtsverhältnisse in den deutschen Schutzgebieten vom 9. November 1900[1]) Gebrauch gemacht und in § 2 bestimmt, daß den Eingeborenen im Sinne des § 4 Schutzgebietsgesetzes die Angehörigen fremder farbiger Stämme gleichgestellt werden, soweit nicht der Gouverneur (Landeshauptmann) mit Genehmigung des Reichskanzlers Ausnahmen bestimmt. (Dies ist bisher nur geschehen durch Verordnung des Gouverneurs von Deutsch-Ost-Afrika vom 3. Oktober 1904 für die Goanesen und Parsen.[2])

Die Verordnung vom 9. November 1900 bestimmt ferner in Satz 2 des § 2, daß die Japaner (entsprechend ihrer Natur als Angehörige einer Kulturnation) nicht als Angehörige farbiger Stämme gelten sollen.

Ergänzend muß hinzugefügt werden, daß sich diese Gleichstellung nur auf bestimmte, den Weißen an Zivilisation unterlegene Bevölkerungsteile beziehen darf[3])

[1]) RGBl. S. 1005.

[2]) Abgedruckt in der v. Riebow begründeten Sammlung: Deutsche Kolonialgesetzgebung S. 234.

[3]) Ebenso Sieglin l. c. 894; vergl. ferner StenB. X. LegPer. I. Sess. 1898/1900, 7. AnlBd. S. 3640.

und ferner, daß sie nicht ad hoc zulässig ist.[1]) Auch ist in Übereinstimmung mit der herrschenden Meinung weiter zu bemerken, daß diejenigen Eingeborenen, welchen auf Grund von §9 des Schutzgebietsgesetzes durch Naturalisation die Reichangehörigkeit von dem Reichskanzler oder von den etwa dazu beauftragten Kaiserlichen Beamten verliehen worden ist, nicht mehr zu den Eingeborenen in diesem Sinne zu rechnen sind, sondern strafrechtlich wie Weiße behandelt werden müssen. Dies steht zwar nicht ausdrücklich im Gesetz, muß ihm aber als sein vernünftiger Sinn unterstellt werden.

Hiermit ist für die Schutzgebiete ein doppeltes Strafrecht geschaffen: einmal ein territorial bestimmtes Schutzgebietsstrafrecht für die Weißen und die ihnen Gleichgestellten, und zweitens ein personal bestimmtes für die Eingeborenen und die diesen Gleichgestellten (oder wenigstens die Möglichkeit hierfür).

Das Eingeborenenstrafrecht ist, soweit nicht etwa die Jurisdiktion der Häuptlinge zugelassen bleibt,[2]) Verordnungsstrafrecht, das der Kaiser bezw. seine Delegatare kraft der ihm im § 1 des Schutzgebietsgesetzes zur Ausübung übertragenen Reichssouveränität ausübt, und das aus der folgenden Betrachtung ausschaltet.[3])

Außer dieser generellen Beschränkung ergeben sich

---

[1]) Anders Gerstmeyer in seinem als Bd. 97 der Guttentag'schen Sammlung erschienenen Kommentar zum Schutzgebietsgesetz S. 53.

[2]) Vergl. hierzu insbesondere Labands Darlegungen in seinem Staatsrecht II, S. 275 u. 280.

[3]) Vergl. dazu folgende Rechtsnormen:

Verfügung des Reichskanzlers wegen Ausübung der Strafgerichtsbarkeit und der Disziplinargewalt gegenüber den Eingeborenen in den Deutschen Schutzgebieten von Ostafrika, Kamerun und Togo vom 22. April 1896 (Kol. Ges. Geb. II. S. 294).

noch mehrere fernere Einschränkungen oder besser die Möglichkeit ihrer Begründung durch Kaiserliche Verordnung aus einigen weiteren Bestimmungen, von denen hier die folgenden zu erwähnen sind:

Einmal ist in § 6 des Schutzgebietsgesetzes unter Ziffer 5 bestimmt, daß durch Kaiserliche Verordnung an Stelle der Enthauptung eine andere, eine Schärfung nicht enthaltende Art der Vollstreckung der Todesstrafe angeordnet werden könne. Von dieser Ermächtigung ist in der schon angeführten Kaiserlichen Verordnung vom 9, November 1900 Gebrauch gemacht, wo in § 9 bestimmt wird: „die Todesstrafe ist durch Enthaupten, Erschießen oder Erhängen zu vollstrecken. Der Gouverneur (Landeshauptmann) bestimmt, welche der drei Vollstreckungsarten im einzelnen Falle stattzufinden hat.“ Und ferner kommt in Betracht der § 26 des Konsulargerichtsbarkeitsgesetzes, wonach durch Kaiser-

---

Verordnung des Landeshauptmanns von Deutsch-Südwestafrika betr. die Strafgerichtsbarkeit der Eingeborenen in Südwestafrika vom 8. Nov. 1896 (in der Riebow'schen KolGesGebg. II S. 294).

Strafverordnung der Neu-Guinea-Companie für die Eingeborenen vom 21. Oktober 1888 (KGG. I S. 555) mit Verordnung des Gouverneurs von Deutsch-Guinea vom 7. April 1899 (KGG. IV S. 56) und des Reichskanzlers vom 28. Oktober 1908 (KGG. IV S. 468).

Strafverordnung des Reichskanzlers für die Marshall-Inseln vom 10. März 1890 (KGG. I S. 627) m. Verordn. v. 28. Oktober 1908.

Verordnung des Gouverneurs von Kiautschou betr. die Rechtsverhältnisse der Chinesen vom 15. April 1899 (KGG. IV S. 191).

ferner: Bauer: die Strafrechtspflege über die Eingeborenen der Deutschen Schutzgebiete im Archiv für öffentl. Recht 1905 S. 32 ff.

Koebner: in den Mitt. der JKV. XI S. 570 ff. für das Kiautschou-Gebiet; und Ziegler: ebenda S. 577 ff; Hermann: die Prügelstrafe nach deutschem Kolonialrecht in Ztschrft. für KolPolitik ect. X. S. 72 ff. usw.

liche Verordnung bestimmt werden kann, inwieweit die »Schutzgebiete« im Sinne der in den §§ 19 und 22 bezeichneten Gesetze als deutsches Gebiet oder Inland oder als Ausland anzusehen sind. Gebrauch gemacht hat der Kaiser von dieser Ermächtigung bisher noch nicht. Doch war der § 26 deshalb hier besonders hervorzuheben, weil er für die Auslegung des Gesetzes, wie sich später ergeben wird, von Bedeutung ist.[1])

[1]) cf. unten S. 56.

II.

Über die Zulässigkeit reichsrechtlicher Regelung der Rechtsverhältnisse in den Deutschen Schutzgebieten.

Bevor auf die Frage nach dem Umkreis der hiernach in den Schutzgebietsbezirken geltenden Reichsgesetze strafrechtlichen Jnhalts eingegangen wird, mag kurz auf die für die folgende Erörterung präjudizierliche Frage nach der Zulässigkeit reichsgesetzlicher Regelung der Rechtsverhältnisse in den Kolonien und insbesondere der Strafrechtspflegeordnung[1]) im materiellen Sinne eingegangen werden.

Man hat diese Zulässigkeit in Zweifel gezogen.[2]) Die Kolonien seien Ausland. Der Kaiser habe nach Artikel 11 der Reichsverfassung das Reich völkerrechtlich zu vertreten, und deshalb stehe ihm allein die rechtschaffende Gewalt in den Kolonien zu.

Von Hoffmann[3]) und Sassen[4]) behaupten dagegen eine gewohnheitsrechtliche Mitwirkung von

---

[1]) Über diesen Ausdruck cf. Sieglin a. a. O. S. 87; cf. ferner Naendrup: Entwicklung und Ziele des Kolonialrechts, Münster 1907 S. 13.

[2]) cf. KommB. zum Entwurf des SchutzgebG. von 1886, StenB. Bd. V S. 985 ff.

[3]) Deutsches Kolonialrecht Nr. 318 der Sammlung Göschen 1907 S. 34 ff.

[4]) Das Gesetzgebungs- und Verordnungsrecht in den Deutschen Kolonien. Tüb. 1909 S. 33 ff.

Bundesrat und Reichstag bei der kolonialen Gesetzgebung. Ersterer faßt diesen Gedankengang folgendermaßen: nach der Reichsverfassung seien Bundesrat, Reichstag und Kaiser an der Gesetzgebung beteiligt. Da die Reichsverfassung keine Geltung in den Schutzgebieten habe, so hätten diese Organe keine verfassungsmäßige Zuständigkeit zur Kolonialgesetzgebung. Wenn letztere dennoch ausgeübt werde, so beruhe die Berechtigung dazu nicht auf einer einheitlichen Grundlage. Bundesrat und Reichstag könnten sich auf ein durch irrtümliche Rechtsauslegung entstandenes Gewohnheitsrecht stützen. Für den Kaiser aber spreche Gesetzesrecht. Er allein vertrete auf Grund des Schutzgebietsgesetzes den Reichssouverän. Daraus folge, daß er nicht nur das Recht dei Ausfertigung und Verkündigung der Gesetze habe, sondern auch, daß er gleichberechtigt mit Bundesrat und Reichstag an der Feststellung des Gesetzesinhalts teilnehme. Endlich aber erteile der Kaiser den Kolonialgesetzen den Gesetzesbefehl, durch den der vereinbarte Wortlaut zum Rechtssatze wird. Dem Bundesrate fehle eine solche Befugnis völlig, da der Kaiser in allen Beziehungen an der Stelle des Souveräns stehe.

Hierbei ist zunächst nicht recht einzusehen, wie von Hoffmann auf Grund seiner Voraussetzungen dazu gelangen kann, die rechtssetzende Gewalt des Kaisers auf Gesetzesrecht zu stützen. Wenn Bundesrat und Reichsstag in den Kolonien nicht die Gesetzgebungsbefugnis haben, so stand ihnen diese und die Delegation der Souveränität an den Kaiser auch nicht für den Erlaß des Schutzgebietsgesetzes zu.

Es ist ferner nicht recht einzusehen, warum das Gewohnheitsrecht, wenn es hier einmal eine Rolle spielen sollte, dem Kaiser nicht genau die gleiche

Stellung gegeben hat, die er sonst einnimmt, wo es sich um den Erlaß von Gesetzen im formellen Sinne handelt.

Und endlich scheint von Hoffmann den Inhalt der Reichsverfassung zu verkennen. Denn einmal sind in Artikel 4 Ziff. 1 der Reichsverfassung unter denjenigen Angelegenheiten, die der Beaufsichtigung seitens des Reiches und der Gesetzgebung unterstehen, ausdrücklich die Bestimmungen über Kolonisation und die Auswanderung nach außerdeutschen Ländern aufgeführt. Gewiß ist bei Formulierung und Erlaß der Reichsverfassung an eine Organisation der Rechtspflege in Deutschen Schutzgebieten, die es damals nicht gab, nicht gedacht worden, und gewiß bezieht sich Artikel 4 Ziffer 1 der Reichsverfassung zunächst auf die Gesetzgebung, die sich mit den Voraussetzungen und Bedingungen für die Auswanderung und die Kolonisation befaßt. Artikel 4 ist also zunächst die Grundlage für Gesetze wie z. B. diejenigen über die Postdampferverbindungen[1]) oder für das Gesetz betr. das Auswanderungswesen vom 9. Juni 1897.[2]) Aber andererseits verbietet sein Wortlaut keineswegs, es als seinen Sinn anzunehmen, daß das Reich auch zur kolonialen Gesetzgebung zuständig sein solle, wie diese Zuständigkeit ja auch gemeinhin angenommen und durch den Hinweis auf Artikel 4 Ziffer 1 der Reichsverfassung gerechtfertigt wird.[3])

---

[1]) cf. RGes. v. 6. April 1885 betr. die Postdampferverbindungen mit überseeischen Ländern (RGBl. S. 85) mit Ergänzungsgesetzen vom 27. Juni 1887 (RGBl. S. 275); vom 20. März 1893 (RGBl. S. 95); vom 13. April 1898 (RGBl. S. 163); u. a.

[2]) RGBl. S. 463.

[3]) Vergl. z. B. Arndt: Verfassung des Deutschen Reichs. II. Aufl. J. Guttentag Verlag 1902 S. 90; Laband l.c. II S. 281 u. a. m.

Für die koloniale Strafgesetzgebungsbefugnis des Reiches kommt auch Artikel 4 Ziffer 13 der Reichsverfassung in Betracht, wenn man gleichzeitig den Zweck der Kolonisation beachtet. Alle Kolonisation dient den Interessen des Mutterlandes und deshalb auch alle Gesetzgebung für die Kolonien. Aus diesem Grunde gehören die für die Kolonien erlassenen Strafgesetze unter die gemeinsame Gesetzgebung für das Strafrecht im Sinne des Artikel 4 Ziffer 13.

Dabei hindert das Wort „gemeinsames" übrigens nicht den eventuellen Erlaß konstitutioneller Gesetze auch nur für Teile des gesamten Kolonialbesitzes, denn jeder dieser Rechtssätze kommt ja mittelbar dem Ganzen des Reichs zugute. Und es macht dabei auch nichts aus, daß nach dem Wortlaute der Reichsverfassung das Reich das Recht der Gesetzgebung nur innerhalb des Bundesgebiets ausübt. Denn will man diesen Ausdruck nicht lediglich als eine belanglose Floskel ansehen, so sagt er, wie Laband ausgeführt hat,[1]) nichts anderes als, daß für die Gesetzgebung des Reiches das Bundesgebiet eine Einheit ist und daß die vor Artikel 1 der Reichsverfassung aufgeführten Staaten für die räumliche Geltung der Reichsgesetze keine besonderen Rechtsgebiete bilden. Es ergibt sich also nach alledem, daß verfassungsmäßig nichts der Reichsgesetzgebung in den Deutschen Schutzgebieten entgegensteht.[2])

---

[1]) l.c. III S. 70 ff.; cf. dazu das unten S. 48 ff. Ausgeführte.

[2]) Nicht zu rechtfertigen ist auch die von Hänel Staatsrecht I S. 839 Anm. 6 vertretene Meinung, daß nur durch Reichsgesetzgebung die Organisation der kolonialen Rechtszustände erfolgen könne.

III.

Der Umkreis der in den Deutschen Schutzgebieten geltenden strafrechtlichen Bestimmungen der Reichsgesetze und die Grenzen ihrer Anwendbarkeit.

1. Die Fassung des § 3 des Schutzgebietsgesetzes in Verbindung mit § 19 Ziffer 2 des Konsulargerichtsbarkeitsgesetzes ergibt eindeutig, daß bei der Entscheidung der Frage, welche Strafrechtssätze des Reichsrechts in den Schutzgebieten gelten, lediglich die strafrechtliche Natur des einzelnen Rechtssatzes zu prüfen ist und daß lediglich zu fragen ist: gehört die einzelne Bestimmung ihrem Wesen nach dem Strafrecht an oder nicht.

2. Gleichgültig muß es hierbei sein, ob dies Reichsstrafrecht in der Form des Gesetzesrechts im formellen Sinne, oder ob es in einer von der dazu berufenen Stelle des Reiches erlassenen Verordnung oder Anordnung, und endlich ob es als Gewohnheitsrecht auftritt.

Der Gebrauch des Wortes „Gesetz" in § 19 des Konsulargerichtsbarkeitsgesetzes ist Anlaß zu der Behauptung geworden,[1]) daß darunter nur die unter Zustimmung der Volksvertretung erlassenen, dem Reichsstrafrecht angehörenden Rechtssätze zu verstehen seien. Gestützt wird diese Ansicht durch den Hinweis darauf,

[1]) Gerstmeyer: l.c. Anm. 9 zu § 19; Vorwerk: das Reichsgesetz über die Konsulargerichtsbarkeit, 2. Aufl. 1908, Anm. 5 zu § 19.

daß ein Satz wie derjenige „Gesetz ist jede Rechtsnorm“ sowohl im Schutzgebietsgesetz wie im Konsulargerichtsbarkeitsgesetz fehle.

Für Verordnungen oder Anordnungen, welche der Kaiser, der Bundesrat oder eine Reichsbehörde im Bereiche ihrer Zuständigkeit erlassen, ist dieses Fehlen ohne jede Bedeutung. Es zwingt nichts dazu, den Ausdruck Gesetz hier lediglich formell im Sinne von konstitutionellem Gesetz zu verstehen. Denn es ist durchaus gebräuchlich, darunter jedwede rechtsverbindliche Anordnung zu begreifen.[1]) Daß die Mehrzahl der neueren Gesetze es noch besonders zum Ausdruck bringt, sie wollten unter Gesetz jede Rechtsnorm verstanden wissen,[2]) ist bedeutungslos, soweit es sich dabei um geschriebene Rechtsnormen handelt. Der eben angeführte Interpretationssatz hat insoweit lediglich die Bedeutung, daß er einen möglichen Zweifel beseitigt.

Auch das Reichsstrafgesetzbuch kennt eine Bestimmung dieses Inhalts nicht, und trotzdem wird es durchaus anerkannt, daß man in seinem Bereiche im allgemeinen und besonders im Bereich des § 2 unter Gesetz jede geschriebene Rechtsnorm zu verstehen habe.[3]) Es würde der Konsequenz entbehren, wenn die bedeutungsvolleren konstitutionellen Reichsgesetze in den Kolonien zur Geltung gelangt sein sollten, nicht

---

[1]) cf. Laband: l.c. S. 1 ff. und die dort Zitierten.

[2]) cf. z. B. EG.BGB. Art. 3; GBO. § 82 Abs. 2; EG.FGG. § 185,2; EG.GVG. § 1 Abs. 2; EG.StPO. § 7; EG.ZPO. § 11; EG.KO. § 2 usw.

[3]) cf. z. B. Frank in seinem Komm. zum Strafgesetzbuch 5. Aufl. § 2, I u. die dort Zitierten; ferner Binding in seinem Handbuch des Strafrechts I. Bd., Leipzig 1885 S. 205 ff., der in Anm. 8 auf S. 206 darauf hinweist, daß das Strafgesetzbuch häufig „Gesetz“ im allgemeineren Sinne gebraucht, ja hinzufügt, daß es damit evtl. sogar das ungeschriebene Recht mit bezeichnet.

dagegen die bundesrätlichen oder kaiserlichen Verordnungen, welche für das Mutterland eine gleiche Geltung wie die konstitutionellen Gesetze beanspruchen.

Die Grundlage für solche Verordnungen, die übrigens notwendig ein Blankettstrafgesetz des Reiches sein muß — denn die Möglichkeit von Reichsstrafverordnungen wird durch Artikel 4 der Reichsverfassung ausgeschlossen,[1]) — bilden Bestimmungen wie z. B. der § 145 des Reichsstrafgesetzbuchs, welcher die Übertretung der vom Kaiser zur Verhütung des Zusammenstoßens der Schiffe auf See, über das Verhalten der Schiffer nach einem Zusammenstoße der Schiffe auf See, in Betreff der Not- und Lotsensignale für Schiffe auf See und auf den Küstengewässern erlassenen Verordnungen mit Strafe bedroht.[2])

Ein weiteres Beispiel findet sich in § 4 des Sklavenraubgesetzes vom 28. Juli 1895[3]), wonach derjenige bestraft wird, wer den vom Kaiser mit Zustimmung des Bundesrates zur Verhütung des Sklavenraubs und des Sklavenhandels erlassenen Verordnungen zuwiderhandelt. Und endlich sei noch § 2 Abs. 2 des Vogelschutzgesetzes vom 22. März 1888 in der Fassung vom 30. Mai 1908[4]) erwähnt, der den Bundesrat ermächtigt, bestimmte weitere, vom Vogelschutzgesetz nicht vorge-

---

[1]) Binding l.c. S. 207.

[2]) Wichtig soweit die Zuwiderhandlungen in den kolonialen Küstengewässern begangen werden. Vergl. dazu die Verordnungen vom 15. August 1876; 9. Mai 1897; 10. Mai 1897; 16. Oktober 1900; 5. Februar 1906; 7. Februar 1907 usw.

[3]) RGBl. S. 425 (wovon noch kein Gebrauch gemacht worden ist).

[4]) RGBl. 1888 S. 111 u. 1908 S. 317. Gebrauch hat der Bundesrat auch von dieser Ermächtigung bislang noch nicht gemacht. Vergl. übrigens auch die Intern. Übereinkunft zum Schutze der für die Landwirtschaft nützlichen Vögel vom 19. März 1902, RGBl. 1906 S. 89.

sehene Arten des Fangens sowie das Fangen mit Vorkehrungen, welche eine Massenvertilgung von Vögeln ermöglichen, zu verbieten.

Anders steht es mit dem Reichsgewohnheitsrecht. Dieses bildet zum Gesetzesrecht den Gegensatz und kann unter dem Ausdruck „Gesetz" demnach nicht ohne weiteres mitverstanden werden. Danach würde reichsrechtliches Gewohnheitsstrafrecht, welches sich bei der Einführung der Reichsstrafgesetze in den Kolonien im Mutterlande bereits gebildet hatte, in den Kolonien nicht gelten. Allerdings ist diese Frage von größerer Bedeutung nicht, und sie setzt vor allem auch die prinzipielle Anerkennung der Möglichkeit voraus, daß sich Reichsgewohnheitsrecht im Bereich des Strafrechts bilden kann, was bekanntlich, z. B. insbesondere von v. Liszt[1]) geleugnet worden ist. Wenn man diese Möglichkeit aber in den vom § 2 des Reichsstrafgesetzbuchs gezogenen Grenzen anerkennt, so wäre es ebenfalls nicht logisch konsequent, die Miteinführung etwa bestehenden reichsrechtlichen Gewohnheitsstrafrechts in den Schutzgebieten zu leugnen. Man kann zu diesem Resultate dadurch gelangen, daß man sagt: in den neueren Gesetzen werde zufolge des Satzes „Gesetz ist jede Rechtsnorm" so regelmäßig unter dem Ausdruck „Gesetz" das Gewohnheitsrecht mitverstanden, daß dieser Sprachgebrauch gegenwärtig der gesetzlich herrschende geworden sei und auf ihn nicht mehr besonders hingewiesen zu werden brauche. Auf diese Weise gelangt man zur Anerkennung der Geltung von eventuell vorhandenem reichsrechtlichem Gewohnheitsstrafrecht auch in den Kolonien.[2])

[1]) Lehrb. des Strafrechts § 17.

[2]) cf. z. B. Oppenheim in der schweizerischen Ztschrft. f. Strafrecht

In Zukunft nehmen übrigens in dieser Hinsicht — um das kurz zu erwähnen — die Schutzgebiete am Schicksal des Mutterlandes teil, ohne daß — dies folgt aus der relativ selbständigen Natur der Schutzgebiete in kultureller Beziehung — die Möglichkeit absolut ausgeschlossen wäre, daß sich dort selbständiges Gewohnheitsrecht strafrechtlichen Inhalts bilde.

Dagegen sind die vom Reiche geschlossenen Staatsverträge niemals unmittelbar die Quelle staatlicher Strafansprüche in den Schutzgebieten. Dies ergibt sich aber nicht aus dem Gebrauch des Wortes „Gesetz" in § 19 des Konsulargerichtsbarkeitsgesetzes, sondern aus dem von der überwiegenden Meinung auch anerkannten Grundsatze, daß Staatsverträge als solche eine innerstaatliche Bindung überhaupt nicht erzeugen und daß sie demgemäß auch keine innerstaatlich bindenden Strafrechtssätze enthalten,[1]) sondern höchstens die Grundlage für eine innerstaatliche Strafgesetzgebung abgeben können, deren Erzeugnisse dann nach den eben angedeuteten Grundsätzen zu beurteilen sind.[2])

VI S. 344, der die Straflosigkeit leichter Körperverletzungen des Einwilligenden auf Gewohnheitsrecht gründet.

[1]) cf. dazu Laband l.c. II S. 114 ff. und die dort Zitierten. A. M. z. B. Seelbach S. 40.

[2]) cf. dazu z. B. die Gen. Akte der Brüsseler Antisklaverei-Konferenz vom 2. Juli 1890 (RGBl. 1892 S. 605), auf Grund deren das Reichsgesetz vom 28. Juli 1895 betr. die Bestrafung des Sklavenraubes und des Sklavenhandels erlassen wurde. Vergl. hierzu auch die Ausführungen Doerrs S. 327 (die Auslieferungsverträge, von denen Doerr S. 326 spricht, bedürfen innerstaatlicher Sanktion nicht, weil jeder Staat auslieferungsberechtigt ist, soweit er sich in dieser Hinsicht nicht selbst durch seine Gesetzgebung beschränkt).

cf. ferner dazu den internationalen Vertrag zum Schutze der unterseeischen Telegraphenkabel vom 14. März 1884 (RGBl. 1888 S. 151) und das auf Grund dieses Vertrages erlassene Gesetz vom 21. November 1887

3. Ein Anhaltspunkt dafür, daß im § 19 des Konsulargerichtsbarkeitsgesetzes unter Strafrecht etwas anderes als sonst verstanden wird, liegt nicht vor, weshalb insbesondere aus dem Umkreis der hier in Betracht kommenden gesetzlichen Bestimmungen sowohl alle diejenigen ausscheiden, die dem Ordnungsstrafrecht angehören, wie solche, die disziplinarrechtlicher Natur sind.

Besonders hervorzuheben ist als die Folge des eben entwickelten Abgrenzungsprinzipes folgendes:

a) Es gelten nicht solche Bestimmungen, die zwar in Gesetzen vorwiegend strafrechtlichen Inhaltes stehen, die ihrerseits aber des strafrechtlichen Charakters entbehren. Ein Beispiel hierfür bildet z. B. der § 1 Abs. 2 des Sprengstoffgesetzes vom 9. Juni 1884,[1]) wonach derjenige, der sich mit der Herstellung und dem Vertriebe von Sprengstoffen befaßt, ein Register zu führen hat, aus welchem die Mengen der hergestellten, aus dem Auslande eingeführten oder sonst zum Zwecke des Vertriebs angeschafften Sprengstoffe sowie die Bezugsquellen und der Verbleib derselben ersichtlich sein müssen und

---

zur Ausführung dieses Vertrages (RGBl. 1888 S. 169). Art. 1 dieses internationalen Vertrages, dem das bezeichnete Gesetz die innerstaatliche Bindung für das Deutsche Reich verleiht, erklärt übrigens ausdrücklich, daß der „gegenwärtige Vertrag . . . . auf alle unterseeischen Kabel Anwendung finde, welche rechtsmäßig gelegt sind und auf den Staatsgebieten, Kolonien oder Besitzungen eines oder mehrerer der hohen vertragschließenden Teile landen." cf. auch Anm. 2 auf S. 21. Inwieweit völkerrechtliche Verträge des Deutschen Reiches sich auf die Kolonien mitbeziehen, steht hier nicht zur Frage. cf. dazu Koebner Enzykl. S. 1090, der m. E. sehr weit geht. Ich würde z. B. für Auslieferungsverträge im Prinzip annehmen, daß sie sich auf die Kolonien im allgemeinen mitbeziehen.

[1]) RGBl. S. 61.

wonach diese Register der zuständigen Behörde auf Erfordern jederzeit vorgelegt werden müssen.

Doch darf dieses Prinzip nicht überspannt werden. Eine Reihe von Bestimmungen, die im strengen Sinne des Wortes nicht strafrechtlicher Natur sind, aber wegen ihrer nahen Beziehung zum Strafrecht diesem gemeinhin zugezählt und bei dessen Darstellung gemeinhin mit abgehandelt werden, müssen als miteingeführt gelten. Dies ist z. B. von § 9 des Reichsstrafgesetzbuchs der Fall, nach dem Deutsche einer ausländischen Regierung zur Bestrafung nicht ausgeliefert werden dürfen, und insbesondere ist das der Fall für Maßnahmen wie die Einziehung, die Vernichtung oder Unbrauchbarmachung von producta oder instrumenta sceleris, der Buße, der Stellung unter Polizeiaufsicht usw., falls und soweit man diesen Maßnahmen eine strafrechtliche Natur absprechen will. Der entscheidende Gesichtspunkt dafür, daß ihre Miteinführung in den Kolonien behauptet werden muß, ist der, daß es nicht der Wille des Gesetzes gewesen sein kann, die Entscheidung über die Anwendbarkeit eines Rechtssatzes in den Kolonien von der Entscheidung einer wissenschaftlichen Kontroverse abhängig zu machen. Man gelangt so mit der herrschenden Ansicht zu der Annahme der de facto erfolgten Einführung des gesamten Reichsstrafgesetzbuches in den Schutzgebieten.[1]) Für die eben gewählten

---

[1]) Dessen gesamte Einführung nehmen an z. B.: v. Stengel l. c. S. 177; Seelbach l. c. S. 39; Sabersky in seiner Schrift: der kol. Inlands- und Auslandsbegriff, Berlin 1903 S. 54 ff.; Koebner in v. Holtzendorff-Kohlers Enzykl. II S. 1133; Doerr l.c. S. 323, 324; A. M. v. Hoffmann in Ztschrft. f. Kol.Pol. VIII S. 172.

Beispiele und insoweit, als die in Frage kommenden Sätze im Reichsstrafgesetzbuch enthalten sind, mag einen gewissen Anhaltspunkt auch die Tatsache bilden, daß das Konsulargerichtsbarkeitsgesetz von 1879 schlechtweg die Geltung des Strafgesetzbuchs in den Schutzgebieten vorschrieb und daß nach der Entstehungsgeschichte des neuen Konsulargerichtsbarkeitsgesetzes sowie des neuen Schutzgebietsgesetzes vom Jahre 1900 die insoweit vorgenommenen Änderungen nur eine redaktionelle Bedeutung haben sollten.[1])

Hierher wird man beispielsweise auch noch solche Grenzfälle aus strafrechtlichen Nebengesetzen rechnen können, wie den im Artikel 4 des Reichswuchergesetzes vom 9. Juni 1893[2]) enthaltenen, wonach derjenige, der aus dem Betriebe von Geld- oder Kreditgeschäften ein Gewerbe macht und es dabei unterläßt, Rechnungsauszüge dem Schuldner zu übermitteln, den Anspruch auf die Zinsen für das verflossene Jahr hinsichtlich der Geschäfte, welche in den Rechnungsauszug aufzunehmen waren, verliert und außerdem bestraft wird, es sei denn, daß man hierin (abgesehen von der Strafandrohung) nicht überhaupt eine ausschließlich zivilrechtliche Bestimmung erblicken will. Weiter sei noch auf die in § 14 des Preßgesetzes vom 7. Mai 1874[3]) vorgesehene Maßnahme hingewiesen, wonach solche im Auslande erscheinende periodische Druckschriften, gegen

[1]) Die Begründungen der betr. Entwürfe schweigen sich über den Grund dieser textlichen Änderungen allerdings völlig aus.

[2]) RGBl. 1880 S. 109; 1893 S. 107.

[3]) RGBl. S. 65.

welche zweimal binnen Jahresfrist eine Verurteilung auf Grund der §§ 41 und 42 des Reichsstrafgesetzbuchs erfolgt ist, durch Reichskanzlerverordnung für höchstens 2 Jahre suspendiert werden können.[1])

b) Ebenso ist es für die Geltung eines Strafrechtssatzes gleichgültig, welches die allgemeine Struktur des ihn enthaltenden Gesetzes ist. Ob dieses Gesetz systematisch dem bürgerlichen Recht, dem Prozeßrecht, dem Verwaltungsrecht oder sonst einem Rechtszweige zuzuzählen ist, ist ohne Bedeutung.

c) Und endlich kann es nach der Fassung des § 19 des Konsulargerichtsbarkeitsgesetzes und des § 3 des Schutzgebietsgesetzes nichts darauf ankommen, ob der einzelne Strafrechtssatz von kriminellem Unrecht im strengen Sinne des Wortes handelt oder nicht.

Insbesondere ist es für seine Geltung in den Schutzgebieten aber auch gleichgültig, ob er dem sogenannten Verwaltungsstrafrechte angehört.

Zu b und c: Der Wunsch, die Geltung des Verwaltungsstrafrechts für die Kolonien schlechthin auszuschalten, hat zu einigen Behauptungen geführt, welche wegen der Mehrdeutigkeit des Wortes „Gesetz" nicht durchweg klar erkennen lassen, ob sie der unter b oder der unter c aufgestellten These widersprechen.

So ist in der Kommission,[2]) welche das Gesetz von

---

[1]) Ferner müssen auch die Bestimmungen des Reichs-Gesetzes betr. die Entschädigung für unschuldig erlittene Untersuchnngshaft v. 14. Juli 1904, RGBl. S. 321, sowie des Gesetzes betr. die Entschädigung der im Wiederaufnahmeverfahren freigesprochenen Personen vom 20. Mai 1898 (RGBl. S. 345) als mit eingeführt gelten. Sie sind im Sinne des § 19 Ziff. 2 KGG. „strafrechtlicher Natur". Ebenso Fleischmann in DJZ. X S. 1057, der auf einen Erlaß der Kolonialabteilung vom 3. März 1904 verweist.

[2]) cf. den zit. KommB. vom 16. März 1886 StenB. 1885/1886 V S. 992.

1886 beriet, festgestellt worden, daß unter Strafgesetzen „nur Strafgesetze im engeren Sinne zu verstehen seien. Diejenigen Strafbestimmungen, welche sich in Verwaltungsgesetzen befinden, erlangen daher in den Schutzgebietsbezirken, solange diese Verwaltungsgesetze selbst nicht eingeführt sind, keinerlei Gültigkeit. Dies gilt beispielsweise von den Strafbestimmungen der Zollgesetze, der Gewerbeordnung usw."

Seitdem ist diese Ansicht in der kolonialrechtlichen Literatur dauernd vertreten worden. So haben sich von Stengel[1]) und Seelbach[2]) der Formulierung des Kommissionsberichts angeschlossen. Dagegen hat Köbner[3]) die Fassung gewählt, daß nur die „reinen Strafgesetze" Anwendung leiden sollen. Widerspruch hiergegen ist von seiten Doerrs[3]) und im gewissen Sinne auch von seiten von Hoffmanns[4]) erfolgt. Ersterer schreibt zutreffend folgendes[5]): „Ganz abgesehen von der Frage der Zweckmäßigkeit, solche unbestimmte Ausdrücke im Gesetz zu verwerten, findet jene einschränkende und unsichere Interpretation im Gesetz selbst keine Stütze. Sohin ist anzunehmen, daß in den deutschen Schutzgebieten für die weiße Bevölkerung das gesamte materielle Rechtsstrafrecht gilt."

4. Dabei ist im einzelnen noch folgendes zu bemerken:

a) Es kann die Frage dahingestellt bleiben, ob es

---

[1]) In der von v. Liszt herausgegebenen Sammlung; das Strafrecht Europa's, 1899 Bd. II S. 391; idem in „die Deutschen Schutzgebiete" 1895 S. 215.

[2]) l.c. S. 39.

[3]) In Kohler's Enzykl. II S. 1133 und Mitt. der JKV. XI S. 552.

[4]) l.c. S. 323 ff.

[5]) Ztschrft. f. Kol.Pol. VIII S. 168 ff.

denn überhaupt möglich ist, eine besondere Wesensart des Verwaltungsstrafrechts [1]) aufzuzeigen. Das Verwaltungsstrafrecht ist, weil und soweit es als seine Unrechtsfolgen echte öffentliche Strafe androht, echtes Strafrecht und wird unter dem Ausdruck Strafrecht, wenn er ohne weiteren Zusatz gebraucht ist, mitverstanden. Will man das Verwaltungsstrafrecht aussondern, so muß man auch konsequent sein: gelten die Bestimmungen gewerbe-, post- oder finanzstrafrechtlicher Natur in ihrer Gesamtheit in den Schutzgebieten nicht, dann müssen auch alle Bestimmungen über Polizeidelikte, insbesondere diejenigen des 29. Absatzes des Reichsstrafgesetzbuchs aus dem Umkreis der in den Schutzgebieten anzuwendenden Strafbestimmungen abgesondert werden, eine Konsequenz, welche die herrschende Lehre nicht zieht und die im Resultat auch ungerechtfertigt wäre. [2])

b) Eine präzise Einteilung der Reichsgesetze nach ihrer überwiegenden Natur ist unmöglich. Eine Untersuchung darüber, ob ein Gesetz vorwiegend dem bürgerlichen Recht oder dem öffentlichen Recht oder insbesondere, ob es überwiegend dem Strafrecht angehört, öffnet dem Zweifel Tür und Tor. Nur bei wenigen Gesetzen kann man mit Sicherheit sagen, daß sie rein strafrechtliche seien. Dieses ist außer beim Reichsstrafgesetzbuch z. B. der Fall beim Gesetz betreffend die Entziehung elektrischer Arbeit vom 9. April 1900, [3]) ferner bei dem Gesetz betreffend die Bestrafung der

[1]) Vergl. dazu die eingehenden Untersuchungen von J. Goldschmidt, insbes. die letzte Abt. seines Werkes: „Das Verwaltungsstrafrecht", Berlin 1902.

[2]) Man denke z. B. an die §§ 367 Ziff. 12, 368 Ziff. 5 und 6 RStGB. u. a. M.

[3]) RGBl. S. 228.

Majestätsbeleidigung vom 17. Februar 1908[1]) oder bei dem Sklavenraubgesetz vom 28. Juli 1894. Bei anderen, so z. B. dem Sprengstoffgesetz vom 9. Juni 1884 muß man zweifelhaft sein. Bei einer dritten Gruppe dagegen ist es durchaus zweifellos, daß sie überwiegend nicht dem Strafrechte angehören. Der Kriminalist bezeichnet überhaupt jedes Gesetz, das irgendwelche strafrechtlichen Bestimmungen enthält, mit dem allerdings unglücklichen Ausdruck „strafrechtliches Nebengesetz.“[2])

c) Wäre die herrschende Lehre konsequent, so müßte sie alle in diesen Gesetzen der dritten Gruppe enthaltenen strafrechtlichen Bestimmungen für unanwendbar erklären. Sie würde damit insbesondere zugleich die sämtlichen strafrechtlichen Bestimmungen der Gesetze überwiegend bürgerlich-rechtlicher Natur ausschalten. Denn ein solches Gesetz ist nicht überwiegend strafrechtlich, also wären seine strafrechtlichen Bestimmungen trotz des Geltens seiner bürgerlich-rechtlichen in den Kolonien nicht mit eingeführt.

Es hätte danach also dort beispielsweise nicht zu gelten die Bestimmung des § 7 des Abzahlungsgeschäftsgesetzes vom 16. Mai 1894[3]), wonach derjenige mit Geldstrafe bis zu 500 M. bestraft wird, der Lotterielose, Inhaberpapiere mit Prämien usw. gegen Teilzahlungen verkauft, oder durch sonstige, auf die gleichen Zwecke abzielende Verträge veräußert. Es würden ferner z. B. die sämtlichen Strafbestimmungen des Handelsgesetzbuchs oder der Konkursordnung[4]) in den Schutz-

[1]) RGBl. S. 25.

[2]) Gegen diesen Ausdruck v. Liszt Lehrbuch § 13.

[3]) RGBl. S. 450.

[4]) cf. dazu auch die Bemerkungen Doerrs S. 325.

gebieten keine Geltung haben. Und schließlich blieben außer den wenigen zweifellos rein strafrechtlichen Gesetzen nur die Bestimmungen strafrechtlicher Natur in den Immaterialgütergesetzen übrig, welche durch § 22 des Konsulargerichtsbarkeitsgesetzes in Verbindung mit § 3 des Schutzgebietsgesetzes und des § 4 der kaiserlichen Verordnung vom 9. November 1900 in toto in den Kolonien eingeführt sind. Diese unleidliche Konsequenz zieht die herrschende Lehre — von Stengel und der oben angezogene Kommissionsbericht übrigens insoweit auf Grund einer unzulässigen quaternio terminorum — natürlich nicht.[1])

d) Hätte die herrschende Lehre recht, so hätte das Gesetz zum mindesten schreiben müssen: „die dem Strafrecht angehörigen Vorschriften der Reichsgesetze vorwiegend strafrechtlicher Natur.“[2])

5. Ist mit dem gesagten für die in den Schutzgebieten geltenden Bestimmungen der Reichsgesetze strafrechtlichen Inhaltes ein sehr weiter Kreis gezogen, so ist der Umkreis der tatsächlich Anwendung findenden Bestimmungen ein wesentlich beschränkterer. Die Anwendbarkeit einer beträchtlichen Anzahl der nach dem bisher ausgeführten in den Schutzgebieten geltenden Bestimmungen der Reichsgesetze ist ganz oder zum Teil für die gesamten Schutzgebiete oder für einen Teil derselben hypothetischer Natur,[3]) und zwar kann dies der Fall sein:

---

[1]) cf. z. B. v. Stengel in StGesGbg. II S. 391 A. 2; idem in: Die Deutschen Schutzgebiete S. 215; Seelbach S. 39 usw.

[2]) Ähnlich v. Hoffmann in Ztschrft. f. Kol.Pol. VIII S. 168 u. 173.

[3]) Diejenigen Fälle, in denen die faktische Anwendung des Gesetzes sich dadurch verbietet, daß nach seinem Inhalt die Tat nur in einem ganz bestimmten Gebiet, und nicht in den Schutzgebieten begangen werden

a) soweit es sich um die sogenannten Blankettgesetze handelt, denn diese sind unvollständig, solange der Adressat von der erteilten Vollmacht noch keinen Gebrauch gemacht hat oder seine Ermächtigung einen kleinern Umkreis als das Gebiet des Deutschen Reiches umfaßt. Deshalb darf der Adressat dabei nicht der Kaiser, der Bundesrat oder eine Reichsbehörde sein; deren Verordnungen gelten, wie bereits oben ausgeführt,[1]) in den Schutzgebieten, wenn diese Geltung nicht besonders ausgeschlossen ist.

b) Es ist dies ferner der Fall in dem Umfange, welcher sich aus dem § 20 des Konsulargerichtsbarkeitsgesetzes ergibt, einer Bestimmung, die übrigens zum großen Teil lediglich deklaratorische Bedeutung hat.[2])

6. Nach ihr sollen die gemäß der §§ 19 Ziffer 2, 22 des Konsulargerichtsbarkeitsgesetzes in Verbindung mit dem § 3 des Schutzgebietsgesetzes in den Schutzgebieten geltenden Strafbestimmungen der Reichsgesetze insoweit außer Anwendung bleiben, als sie Einrichtungen und Verhältnisse voraussetzen, die sich das Gesetz als Bedingung seiner Geltung gedacht hat.

---

kann (z. B. §§ 94 ff. RStGB. u. viele Bestimmungen der Gesetze über das Seewesen), bedürfen hier keiner besonderen Betrachtung. Doch ist es m. E. nicht richtig, wenn Doerr S. 324 sagt, sie seien lediglich von theoretischer Bedeutung für die Kolonien. Denn zufolge des unten S. 41 ff. Ausgeführten ist es sehr wohl möglich, daß die unter die betreffende Bestimmung fallende Straftat in den Schutzgebieten zur Aburteilung gelangt.

[1]) cf. oben S. 19 ff.

[2]) Schief ist der Vergleich von Hoffmanns auf S. 176 l.c., der dort sämtliche in den Kolonien singeführten Gesetze als „Blankettgesetze" bezeichnet und damit m. E. sowohl das Wesen der Blankettgesetze verkennt, wie die Bedeutung der Einführung der strafrechtlichen Bestimmungen der Reichsgesetze in den Schutzgebieten.

a) Es muß sich dabei um Einrichtungen und Verhältnisse handeln, welche gerade in den Schutzgebieten im Gegensatze zum Mutterlande oder zu einem weder diesem noch den Schutzgebieten angehörigen Territorium fehlen. Wird in den Kolonien das Fehlen von Verhältnissen behauptet, das ebenso für das Mutterland zutreffen würde, so berührt diese Tatsache die Anwendbarkeit eines Strafgesetzes an sich nicht.

b) Unter dem nicht ganz korrekten Ausdruck „Einrichtungen und Verhältnisse“ wird man dem Sinne nach zu verstehen haben die natürliche äußere Kultur der Schutzgebiete sowie die dort durch menschliche Tätigkeit für das gegenseitige Zusammenleben erzeugten Lebensverhältnisse.

c) Jedenfalls muß es sich immer um eine Regelung äußerer Lebensverhältnisse und Bedingungen handeln. Die besonderen in den deutschen Schutzgebieten oder Teilen von ihnen auf Grund der dort bestehenden Zivilisation, der dort herrschenden Gebräuche, Landessitte oder Landessittlichkeit vorhandenen Verhältnisse gehören nicht zu den Einrichtungen und Verhältnissen, welche die bezeichnete Gesetzesbestimmung im Auge hat. Polygamie, die Tötung von Familienangehörigen und dergl. ist auch dort strafbar, wo es der Landessitte entspricht.[1]) Besonders lehrreich ist in dieser Beziehung das Verbot des Sklavenraubs und Sklavenhandels nach dem Gesetz vom 28. Juli 1895, das auch dort gilt, wo Sklavenraub und Sklavenhandel Sitte waren bezügl. sind.[2])

d) Fälle, in denen die natürliche Beschaffenheit der

[1]) Vergl. aber das oben über das Gewohnheitsrecht S. 22 ff. gesagte.
[2]) cf. dazu z. B. Leue: die Sklaverei in Deutsch-Ostafrika in der Ztschrft. f. Kol.Pol. V S. 606, 617.

Schutzgebiete die Anwendbarkeit eines Reichsstrafrechtssatzes für ihren gesamten Umfang ausschließt, werden sich kaum finden lassen. Die Nichtanwendbarkeit eines solchen wird sich zufolge der großen Verschiedenheiten zwischen den einzelnen Landesteilen insoweit immer auf territorial begrenzte Teile der Schutzgebiete beschränken.

Das entsprechende wird überwiegend der Fall sein für die zweite Gruppe der Fälle, wo das Fehlen der durch menschliche Tätigkeit geschaffenen Lebensverhältnisse den Grund für die Nichtanwendbarkeit der ihre Existenz voraussetzenden Reichsstrafrechtssätze abgibt.

Hierbei spielen nun die Hauptrolle diejenigen Fälle (auf welche der § 20 des Konsulargerichtsbarkeitsgesetzes auch in erster Linie abzielt), wo die vorausgesetzten Lebensverhältnisse durch die Rechtsordnung und insbesondere durch Gesetz geschaffene oder geregelte sind.

Wo kein Bundesstaat, da kann man nicht an dem Landesherrn desselben einen Mord begehen (§ 80 Reichsstrafgesetzbuchs); wo keine gesetzgebende Versammlung des Reichs oder eines Bundesstaates, da kann man sie nicht auseinandersprengen (§ 105 Reichsstrafgesetzbuchs); wo eine Polizeistunde nicht geregelt ist, dort kann man nicht über sie hinaus in einer Schankstube verweilen (§ 365 R.St.GB.); wo die Behörde nicht rechtzeitig erreichbar ist, da kann man ihr nicht vor der Vornahme einer Beerdigung hiervon Kenntnis geben (§ 367 Ziffer 1 Reichsstrafgesetzbuchs); wo keine genügend ausgebreitete Organisation der Polizeiverwaltung, da können strafbare Übertretungen von Bestimmungen, wie z. B. der §§ 367 Ziffer 3,[1]) Ziffer 8, Ziffer 11; 368 Ziffer 3 usw. Reichsstrafgesetzbuchs nicht begangen werden. Das ist eigentlich alles selbstverständlich und bedarf weder einer weiteren Ausführung, noch bedurfte es einer besonderen gesetzlichen Sanktionierung. Bedeutungsvoller dagegen ist folgendes, was regelmäßig verkannt wird: nicht das Fehlen einer Norm oder eines Gesetzes ist vom Konsulargerichtsbarkeitsgesetz als die Voraussetzung für die Nichtanwendung eines Strafrechtssatzes in den Kolonien angegeben, sondern lediglich das Fehlen der von diesem Strafrechtssatz vorausgesetzten Einrichtungen und Verhältnisse. Auf Einrichtungen und Verhältnisse, nicht auf Normen oder Gesetze stellt die bezeichnete Bestimmung ab. Diese Tatsache wird von Bedeutung besonders überall dort, wo — wie das in den strafrechtlichen Nebengesetzen sehr häufig der Fall ist — der einzelne Strafrechtssatz die Zuwiderhandlung gegen einen in einem andern Paragraphen desselben Gesetzes oder eines andern Gesetzes, den der Strafrechtssatz zitiert, bezeichneten Tatbestand unter Strafe stellt. Beispiele ergeben sich insbesondere aus der Gewerbeordnung, dem Vereinszollgesetz, dem Preßgesetz u. a. m.

Wollte man sagen, der Rechtssatz, auf den verwiesen wird, sei, weil er z. B. dem öffentlichen Recht angehöre, in den Kolonien nicht „mit eingeführt“, und demgemäß gelte dort auch der auf ihn verweisende Strafrechtssatz nicht, da er ja unvollständig sei, so würde man sich eines doppelten Irrtums schuldig machen: Man würde einmal verkennen, daß nach § 20

[1]) Nur so läßt sich m. E. die Unanwendbarkeit dieser Bestimmung begründen, nicht aber in der Art wie von Hoffmann das l. c. S. 172 versucht.

des Konsulargerichtsbarkeitsgesetzes in Verbindung mit seinem § 19 Ziffer 2 und mit § 3 des Schutzgebietsgesetzes nicht ein bestimmter Rechtssatz die Bedingung der Geltung des Strafrechtssatzes ist, sondern nur der von diesem Rechtssatz bewirkte oder gewollte Zustand, der sich auch auf andere Weise als durch Reichsrechtssatz (z. B. durch lokale Verordnung, ohne rechtliche Regelung) in den Kolonien einführen kann. Man würde zum andern aber vor allem die Bedeutung überschätzen, die eine solche Trennung haben kann. Diese kann eine lediglich legislativ-technische sein. Ob es z. B. im Preßgesetz vom 7. Mai 1874 heißt:

§ 17. „Die Anklageschrift oder andere amtliche Schriftstücke eines Strafprozesses dürfen durch die Presse nicht eher veröffentlicht werden, als bis dieselben in öffentlicher Verhandlung kundgegeben worden sind, . . .“

§ 18. Mit Geldstrafe bis zu 1000 M. . . . werden bestraft, „Zuwiderhandlungen gegen das in dem § 17 . . . enthaltene Verbot“,

oder ob das Preßgesetz die beiden Paragraphen zu einem zusammenzieht und sagt:

wer die Anklageschrift . . . veröffentlicht, wird bestraft

ist sachlich völlig gleichgültig. Und weiter: Eine solche Verweisung eines Strafrechtssatzes auf einen anderen Nichtstrafrechtssatz kann den letzteren sehr wohl zum Inhalt des ersteren dergestalt machen, daß der Strafrechtssatz samt dem Nichtstrafrechtssatz auch dann bestehen bleibt, wenn der letztere als solcher seine Geltung verliert.[1])

---

[1]) cf. hierzu z. B. das von Kloß in seinem Sächs. Privatrecht II. Aufl. 1900 III. Ergänzgs.-Bd. von Dernburgs Bürgerl. Recht S. 5 Bemerkte.

Ohne auf eine weitere Begründung der hier vertretenen Ansicht einzugehen, die sich insbesondere mit der Normentheorie abzufinden hätte, sei noch darauf hingewiesen, daß die Nichtanerkennung dieser Meinung zu durchaus unbilligen Ergebnissen führen könnte: Der § 18 Ziff. 1 des Preßgesetzes müßte dann z. B. außer Anwendung bleiben, soweit er auf die §§ 14—17 des Preßgesetzes verwiese, (die ja nicht mit eingeführt sind, weil sie weder dem bürgerlichen Recht, noch dem Strafrecht, noch dem Prozeß angehören),[1]) dagegen würde § 184b des Reichsstrafgesetzbuchs in den Kolonien Anwendung finden, der einen ganz ähnlichen Tatbestand wie den durch § 18 in Verbindung mit § 17 des Preßgesetzes geschaffenen treffen will, wenn er denjenigen mit Strafe bedroht, der aus Gerichtsverhandlungen, für welche wegen Gefährdung der Sittlichkeit die Öffentlichkeit ausgeschlossen war, Mitteilungen macht, welche geeignet sind, Ärgernis zu erregen. Und welche Stellung sollte man gegenüber der Frage nach der Anwendbarkeit des Gesetzes betreffend die unter Ausschluß der Öffentlichkeit stattfindenden Gerichtsverhandlungen vom 5. April 1888[2]) (abgesehen von dem in das Strafgesetzbuch als § 184b eingeführten Tatbestand) in den Schutzgebieten einnehmen? Dieses Gesetz bedroht im Artikel 2 denjenigen mit Strafe, welcher die ihm nach § 175 Abs. 2 des Gerichtsverfassungsgesetzes auferlegte Pflicht der Geheimhaltung durch unbefugte Mitteilung verletzt. Der Artikel 3 dagegen bestimmt folgendes:

Absatz 1 befiehlt: „Soweit bei einer Gerichtsverhandlung die Öffentlichkeit wegen Gefährdung der

---

[1]) Zu § 14 cf. das oben S. 26 Bemerkte.

[2]) RGBl. S. 133.

Staatssicherheit ausgeschlossen war, dürfen Berichte über die Verhandlung durch die Presse nicht veröffentlicht werden. . . .“

Absatz 2 bestimmt: Zuwiderhandlnngen unterliegen der in Artikel 2 bestimmten Strafe. Soll nun etwa derjenige, der in den Schutzgebieten gegen Artikel 3 Abs. 1 verstößt, zufolge der vom Gesetz gewählten Fassung straflos bleiben, dagegen derjenige, der dort gegen Artikel 2 verstößt,[1]) ebenso wie derjenige, der sich gegen § 184b Reichsstrafgesetzbuch vergeht, bestraft werden können?

Es kommt also auf die vom Gesetz beliebte Technik nichts entscheidendes an, und es ist bei der Frage, ob eine strafrechtliche Bestimmung der Reichsgesetze in den Kolonien Anwendung findet oder nicht, stets die dem tatsächlichen Gebiet angehörige Frage zu prüfen, ob die von dem fraglichen Strafrechtssatz als Bedingung seiner Geltung vorausgesetzten tatsächlichen Einrichtungen oder Verhältnisse in den Schutzgebieten vorhanden sind oder nicht.

g) Hierfür ist die eben behandelte formale Trennung ein Anzeichen, wenn auch kein immer entscheidendes. Ebenso wie trotz dieser Trennung ein Strafrechtssatz anwendbar sein kann, ist es möglich, daß er nicht Anwendung findet, obgleich er in sich vollständig und aus sich selbst verständlich ist.

Um eine prinzipielle Stellung zu der hier behandelten Frage zu gewinnen — soweit die verunglückte Fassung des Gesetzes eine solche überhaupt zuläßt — muß ausgegangen werden von der durch § 20 des Konsulargerichtsbarkeitsgesetzes noch besonders betonten[2])

---

[1]) § 175, Abs. 2 des Gerichtsverfassungsgesetzes gilt und findet als Prozeßsatz in den Schutzgebieten Anwendung.

[2]) Nicht jedoch besonders begründeten; in letzterer Beziehung sagt § 20 nichts aus.

sekundären Natur des Strafrechts. Dem Strafrecht fehlt regelmäßig der Wille, Lebensverhältnisse zu schaffen. Es will vielmehr ihm schutzwürdig erscheinende Lebensbeziehungen sichern und schützen bezw. sie eines verstärkten Schutzes teilhaftig werden lassen. Ist dieser Wille des Strafrechts zu sekundärer Geltung auch nicht ausnahmslos,[1]) so besteht er unbedingt dort, wo es sich um die Schaffung eines ganzen Komplexes von eigentümlichen Lebensbeziehungen handelt, wie dies z. B. bei der Gewerbe-, Zoll-, Steuer- und Medizinal-Verfassung der Fall ist, bezügl. welcher es das Strafrecht unternimmt, lediglich einzelne der anderweit rechtlich begründeten Beziehungen strafrechtlich noch besonders zu sichern.

Soweit daher das von einem Strafrechtssatze vorausgesetzte Verhältnis in der eben bezeichneten Weise ein Glied einer größeren Kette von Verhältnissen ist, die zusammen eine organische Einheit bilden, findet dieser Strafrechtssatz nur dann Anwendung, wenn sich in den Kolonien eine dieser Einheit entsprechende Regelung der dortigen Verhältnisse herausgebildet hat. Aus diesem Grunde ist auch z. B. die von Doerr[2]) vertretene Ansicht nicht ohne weiteres richtig, daß die strafrechtlichen Bestimmungen der Gewerbeordnung in den Schutzgebieten gelten, soweit sie auf zivilrechtliche Bestimmungen der Gewerbeordnung bezugnehmen. Tatsächlich finden diese strafrechtlichen Be-

---

[1]) cf. z. B. Frank l. c. einleitende Bemerkungen.

[2]) l. c. S. 326; ferner v. Hoffmann l. c. S. 168 ff. Die völlige Nichteinführung der Gew.Ordnung in den Schutzgebieten behaupten z. B. Gareis, Deutsches Kol.Recht, II. Aufl. Gießen 1902 S. 21: Koebner in den Mitt. der JKV. XI S. 552.

stimmungen der Gewerbeordnung (ebenso wie übrigens auch die zivilrechtlichen) nur dann in den Schutzgebieten Anwendung, wenn sich dort ein Komplex gewerblicher Beziehungen herausgebildet hat, welcher die Anwendbarkeit jener strafrechtlichen und zivilrechtlichen Bestimmungen gestattet.

h) Auf nicht zu haltenden Annahmen beruhen auch die von Hoffmann'schen Ausführungen,[1]) man müsse den Satz, daß in den Schutzgebieten die dem Strafrecht angehörigen Vorschriften der Reichsgesetze gelten sollen, durch die Worte ergänzen: „soweit die durch diese Vorschriften zu schützenden Rechtsgüter in den Schutzgebieten als solche eingeführt sind." Bei den sogenannten, durch das Mittel des Angriffs gekennzeichneten Verbrechen[2]), den von Oppenheim sog. Verbrechen mit unbestimmtem Schutzobjekt[3]) — Loening nennt sie vagierende Verbrechen[4]) — wird von Hoffmann die Feststellung kaum gelingen, welche Rechtsgüter eigentlich alle durch den betreffenden Strafrechtssatz geschützt werden sollen. Und soweit dies gelingt, wird er finden, daß die betreffenden Rechtsgüter (hauptsächlich kommen dabei das Leben, die Freiheit, das Eigentum, die Gesundheit in Betracht) unter irgend einem Gesichtspunkte in einem zweifellos in den Schutzgebieten geltenden und anwendbaren Strafrechtssatz geschützt sind. Bei anderen, den reinen Ungehorsamsdelikten, ist es endlich überhaupt nicht möglich, ein angriffsgeschütztes Rechtsgut aufzuzeigen. Ihr Wesen ist ja

---

[1]) l. c. S. 171.

[2]) v. Liszt § 79 II a. E.

[3]) Oppenheim die Objekte des Verbrechens Basel 1894.

[4]) Grundriß zu Vorlesungen über Deutsches Strafrecht; Frankfurt a. M. 1885 § 155.

lediglich Ungehorsam gegen den Gesetzesbefehl. Von Hoffmann verwechselt die Begriffe Norm, Rechtssatz und Rechtsgut. Das beweisen klar die folgenden Sätze seiner Ausführungen: „Hierhin, (d. h. zu den in den Schutzgebieten als solche anerkannten Rechtsgütern) würde man z. B. rechnen das Eigentum, die Unverletzlichkeit des menschlichen Lebens, die Normen (!) der Konkursordnung usw. Dagegen werden dann nicht zu gelten haben diejenigen dem Strafrecht angehörenden Vorschriften der Reichsgesetze, bei denen die durch sie zu schützenden Rechtsgüter in den Kolonien nicht existieren, so z. B. die durch § 14 der Gewerbeordnung aufgestellten Rechtsnormen über die Gewerbebetriebsanzeige, welche § 148 Gewerbeordnung durch Strafandrohung schützt.[1]“

i) Das Gesetz macht von dem Vorhandensein der entsprechenden Einrichtungen und Verhältnisse nicht die Geltung, sondern nur die Anwendbarkeit der Reichsstrafgesetze in den Schutzgebieten abhängig. Denn im Gegensatz zu dem § 19 des Konsulargerichtsbarkeitsgesetzes und dem § 3 des Schutsgebietsgesetzes, wo ausdrücklich der Ausdruck „gelten“ gebraucht wird, sprechen die §§ 20 und 22 des Konsulargerichtsbarkeitsgesetzes von „Anwendung finden.“ Gelten aber die fraglichen Bestimmungen trotz ihrer Unanwendbarkeit in den Schutzgebieten, so muß dies notwendig zur Folge haben, daß die der Reichsgesetzgebung untergeordneten Organe, wie z. B. der Kaiser, für die Schutzgebiete weder bezüglich der gleichen Tatbestände, noch bezüglich der gleichen strafrechtlichen „Materien“ (§ 6

---

[1]) Gegen die Art, wie v. Hoffmann mit dem Rechtsgutsbegriff operiert, spricht sich auch Doerr S. 325 aus.

Ziffer 1 des Schutzgebietsgesetzes) Lokalbestimmungen strafrechtlicher Natur erlassen können.[1])

Und weiter müssen die unanwendbaren Bestimmungen der Reichsstrafgesetze in den Schutzgebieten von selbst in dem Augenblicke in Anwendbarkeit treten, wo sich dort die entsprechende Regelung herausbildet, wie die, die von dem vorher unanwendbaren Strafrechtssatz als Bedingung seiner Anwendbarkeit vorausgesetzt wird. Wird also in den Schutzgebieten eine Zoll-, Steuer-, Gewerbe- oder Medizinalverfassung geschaffen, welche die Anwendbarkeit von Sätzen des mutterländischen Finanz-, Gewerbe- oder Medizinalstrafrechts gestatten, so werden deren Strafrechtssätze von selbst in den Schutzgebieten anwendbar.

Dabei ist übrigens nicht zu verlangen, daß in den Schutzgebieten genau der gleiche Zustand wie im Mutterlande vorliege. Es muß genügen, daß der in den Schutzgebieten vorliegende Zustand die Anwendbarkeit der deutschen Reichsstrafrechtssätze nach ihrem richtig verstandenen Sinne gerade noch gestattet.[2])

Diese Tatsachen, die sich als logisch unabweisbare Konsequenz aus dem Inhalte des Gesetzes ergeben, sind bisher verkannt worden. Doerr[3]) stellt z. B. einige Polizeivorschriften über Impfungen in den Schutzgebieten mit besonderen Strafsanktionen zusammen. Insofern solche Polizeibestimmungen für die betreffenden Gebiete eine Regelung der Impfverhältnisse herbeiführen, wie sie entsprechend von den Strafbestimmungen

---

[1]) Anders wohl Doerr S. 324.

[2]) cf. dazu die dem Sinne nach ähnlichen Bemerkungen von v. Hoffmann l. c. S. 177. Doch muß man dort statt „Norm" „Einrichtungen und Verhältnisse" setzen.

[3]) S. 325.

des Reichsimpfgesetzes vom 8. April 1884[1]) vorausgesetzt wird, sind die in diesen Polizeibestimmungen enthaltenen Strafbestimmungen unnötig, soweit sie sich inhaltlich mit denjenigen des Impfgesetzes decken. Soweit sie aber andere Tatbestände als dieses Gesetz mit Strafe bedrohen oder strengere Strafen androhen, sind sie nichtig. Soweit sie Tatbestände unbestraft lassen oder mit milderer Strafe bedrohen als das Reichsimpfgesetz, begrenzen sie den staatlichen Strafanspruch nicht über den vom Impfgesetz gezogenen Rahmen hinaus.

Unnötig ist deshalb auch z. B. der § 4 der Kaiserlichen Verordnung vom 16. Oktober 1901 über das Telegraphenwesen im Kiautschou-Gebiete.[2]) Deren § 1 richtet das Reichsmonopol für die Errichtung von Telegraphenanlagen zur Vermittlung von Nachrichten im Kiautschou-Gebiet ein. Es schafft damit für dieses Gebiet einen Zustand, wie ihn der § 9 des Reichsgesetzes über das Telegraphenwesen des Deutschen Reiches vom 6. April 1892[3]) für seine Anwendbarkeit voraussetzt, wenn er sagt: Es wird . . . bestraft, wer vorsätzlich entgegen den Bestimmungen dieses Gesetzes eine Telegraphenanlage errichtet oder betreibt. Wenn nun der § 4 der bezeichneten Verordnung beim Vorliegen der gleichen Voraussetzungen die gleiche Strafbestimmung wiederholt unter Androhung der gleichen Strafe, so hat dies lediglich die Bedeutung einer Vereinfachung.

k) Eine weitere Einschränkung ergibt die Tatsache,

---

[1]) RGBl. S. 31.
[2]) RGBl. S. 379.
[3]) RGBl. S. 467.

daß nur, insoweit als die betreffenden Einrichtungen und Verhältnisse fehlen, die strafrechtlichen Bestimmungen keine Anwendung finden. Daraus folgt, daß die Nichtanwendbarkeit derselben in den Kolonien eine territorial begrenzte sein kann.

l) Es kann nicht die Aufgabe dieser allgemeinen Erörterungen sein, im einzelnen auf Grund des hier Ausgeführten die Frage nach der Anwendbarkeit der einzelnen Reichsstrafrechtssätze in den Schutzgebieten zu prüfen. Insbesondere für das Gewerbe-, das Zoll-, das Steuer-, das Eisenbahn-, das Medizinal- usw. Strafrecht würde das eine umfangreiche Betrachtung der in den einzelnen Kolonien ergangenen Lokalbestimmungen[1]) und der dort herrschenden lokalen Verhältnisse erfordern. Es seien nur noch einzelne Beispiele angeführt:

Aus den angeführten Gründen hängt die Entscheidung der Frage, nicht nur ob die §§ 20 und 21 des Preßgesetzes,[2]) sondern auch, ob dessen § 18 Ziff. 1 in Verbindung mit den §§ 14 bis 17 in den Schutzgebieten Anwendung finden kann, nur davon ab, ob es dort tatsächlich periodisch erscheinende inländische oder ausländische (§ 14) Druckschriften bezw. Preßorgane gibt. Denn das Vorliegen weiterer Einrichtungen und Verhältnisse setzt der § 18 Ziffer 1 des Preßgesetzes für seine Anwendbarkeit nicht voraus.[3]) Dagegen finden die § 18 Ziffer 2 und § 19 des Preßgesetzes in den Schutzgebieten nur dann An-

[1]) Für die gewerblichen Verhältnisse liegt die wertvolle Arbeit von v. Hoffmann in der Ztschrft. f. Kol.Pol. VIII S. 164 ff.; S. 285 ff. vor.

[2]) Deren Anwendbarkeit wird allgemein anerkannt; cf. z. B. Doerr S. 326; v. Hoffmann S. 174 ff.

[3]) cf. den Artikel v. Gallus: die afrikanische Presse im X. Bd. der Ztschrft. f. Kol.Pol. S. 789 ff.; ferner das Verzeichnis in: „Die Ztgen unserer Kolonien“ in der Ztschrft f. Kol.Pol. VI S. 84.

wendung, wenn und insoweit sich dort eine der deutschen entsprechende rechtliche Organisation der Presse herausgebildet hat. Denn diese Bestimmungen erfordern eine ganz spezifische Regelung der Preßverhältnisse für ihre Anwendbarkeit.

Auch für die Anwendung des Antomobilgesetzes vom 3. Mai 1909[1]) muß man unterscheiden. Dieses Gesetz enthält im Absatz 1 allgemeine Verkehrsvorschriften. Der zweite Absatz handelt von der (bürgerlich-rechtlichen) Haftpflicht, und den dritten Absatz bilden Strafvorschriften. Und zwar bedroht der § 21 mit Strafe denjenigen, der den zur Erhaltung der Ordnung und Sicherheit auf den öffentlichen Wegen erlassenen polizeilichen Anordnungen über den Verkehr mit Kraftfahrzeugen zuwiderhandelt. Da es sich hier um ein Blankettgesetz handelt, dessen Adressat die Polizei ist, so hängt die Anwendbarkeit dieses Paragraphen vom Erlaß entsprechender Anordnungen durch die kolonialen Polizeibehörden ab. Im § 22 Abs. 1 Satz 1 wird der Führer eines Kraftfahrzeuges, der nach einem Unfalle es unternimmt, sich der Feststellung des Fahrzeuges und seiner Person durch die Flucht zu entziehen, bestraft, und Abs. 2 dieses Paragraphen droht verschärfte Strafe gegen den Führer an, der eine bei einem Unfall verletzte Person vorsätzlich in hilfloser Lage verläßt. Der Anwendbarkeit dieser Bestimmungen für die Schutzgebiete steht das Fehlen einer rechtlichen Regelung des Automobilwesens in den Schutzgebieten, soweit ein solches nicht überhaupt erfolgt ist, nicht entgegen. Denn diese Bestimmungen setzen eine solche rechtliche Regelung garnicht voraus, sondern verlangen zu ihrer Anwendung lediglich, daß mit Automobilen ge-

[1]) RGBl. S. 437.

fahren und dabei ihr sonstiger Tatbestand erfüllt werde. Zweifelhaft kann schon die Anwendbarkeit des § 23 sein. Zweifellos nicht anwendbar sind ohne eine dem I. Abschn. des Automobilgesetzes entsprechende Regelung des Automobilwesens in den Schutzgebieten die Bestimmungen des § 24. Hier sind mit Strafe bedroht diejenigen, die ein Kraftfahrzeug führen ohne einen Führerschein zu besitzen, oder, obgleich ihnen die Fahrerlaubnis entzogen ist, oder die ihren Führerschein der Behörde, die ihnen die Fahrerlaubnise entzogen hat, nicht abliefern. Denn diese Bestimmungen setzen eine ganz spezifische Regelung des Automobilwesens voraus.

Zur Anwendung kommen ferner in den Kolonien, ohne daß es dort noch der Einführung irgend welcher den deutschen entsprechender rechtlich geregelter Zustände bedürfte, die Strafvorschriften des Gesetzes zur Bekämpfung des unlauteren Wettbewerbes vom 7. Juni 1909.[1]) Denn die Anwendbarkeit dieser Strafbestimmungen setzt an Einrichtungen und Verhältnissen lediglich die Tatsache des Bestehens eines geschäftlichen Verkehrs voraus.

Anwendung leidet deshalb auch der § 153 der Gewerbeordnung, der denjenigen mit Strafe bedroht, der andere durch Anwendung körperlichen Zwanges, durch Drohungen, durch Ehrverletzung oder durch Verrufserklärung bestimmt oder zu bestimmen versucht, an Verabredungen der in Gewerbeordnung § 152 bezeichneten Art teilzunehmen usw.

Anwendung findet weiter der § 48 des Gesetzes über das Auswanderungswesen vom 9. Juni 1897,[2]) der denjenigen mit Strafe bedroht, wer eine Frauensperson zu dem Zwecke, sie der gewerbsmäßigen Unzucht zuzu-

[1]) RGBl. S. 499. [2]) RGBl. S. 463.

führen, mittelst arglistiger Verschweigung dieses Zwecks zur Auswanderung verleitet.

Anwendung findet § 10 des Gesetzes vom 14. Mai 1879[1]) betreffend den Verkehr mit Nahrungs- und Genußmitteln, wonach derjenige, der zum Zwecke der Täuschung im Handel und Verkehr Nahrungs- und Genußmittel nachmacht oder verfälscht, bestraft wird; denn der Begriff der Nahrungs- und Genußmittel ist unabhängig von der sonst durch das Nahrungsmittelgesetz getroffenen Regelung des Verkehrs mit Nahrungs- und Genußmitteln, und die Anwendbarkeit des § 10 des Nahrungsmittelgesetzes setzt lediglich die Tatsache des Verkehrs mit Nahrungsmitteln voraus.

Dagegen ist nicht ohne weiteres strafbar, wer in den Schutzgebieten den ähnlichen Tatbestand des § 14 des Gesetzes betreffend den Verkehr mit Butter, Käse, Schmalz und deren Ersatzmitteln vom 15. Juni 1897[2]) erfüllt, weil hierzu eine ganz besondere rechtliche Regelung der betreffenden Nahrungsmittelverhältnisse verlangt wird.

Und endlich ist eine strafbare Übertretung der Strafbestimmungen des Reichsvereinsgesetzes vom 19. April 1908[3]) in den Schutzgebieten nur unter der Voraussetzung möglich, daß dort eine der im Vereinsgesetz getroffenen öffentlich-rechtlichen Regelung des Vereinswesens entsprechende Regelung eingeführt sei.

[1]) RGBl. S. 145. [2]) RGBl. S. 475. [3]) RGBl. S. 151.

IV.

Das innere Verhältnis zwischen Reichsstrafrecht und Deutschen Schutzgebieten; die strafrechtliche Einheit zwischen Mutterland und Deutschen Schutzgebieten und ihre Grenzen.

Bisher war nur von den zwischen dem Reichsstrafrecht und dem in den Deutschen Schutzgebieten geltenden Strafrecht bestehenden formalen Beziehungen gesprochen worden, nichts dagegen über die inhaltliche Verknüpfung der beiden. Unmittelbar ergibt sich hierüber aus dem Gesetze auch nichts.

Die Worte: „In den Schutzgebieten gelten" können ein doppeltes heißen: Einmal können sie bedeuten, daß der Herrschaftsbereich der mutterländischen Strafrechtssätze auf die Schutzgebiete erweitert werden soll, sodaß die mutterländischen Reichsstrafsätze gemeines Recht für Mutterland und Schutzgebiete sind, daß Mutterland und Schutzgebiete für die Geltung des Reichsstrafrechts eine Einheit bilden.

Andererseits aber könnten diese Worte auch bedeuten, daß durch das Ingeltungsetzen der dem Strafrecht angehörigen Bestimmungen der Reichsgesetze in dem strafrechtlich selbständigen Gebiete der Kolonien dort ein Strafrecht geschaffen worden sei, das zwar inhaltlich im wesentlichen mit dem im Gebiete des Deutschen Reichs geltenden übereinstimmt, das aber seine selbständige territoriale Bedeutung hat, sodaß Reichsstrafrecht und das in den Kolonien geltende Strafrecht in den Grenzen ihrer Übereinstimmung gemeinsames Recht sind.

Die letztere Konstruktion ist begrifflich an sich sehr wohl möglich. Trotzdem wird man an dem Vorliegen des zuerst bezeichneten Verhältnisses nicht zweifeln können. Ein Anzeichen hierfür ist schon die Fassung des alten Konsulargerichtsbarkeitsgesetzes von 1879, nach dem „anzunehmen" war, daß das Reichsstrafgesetzbuch usw. in den Konsulargerichtsbezirken gelten solle. Denn, wie schon früher bemerkt, haben die insoweit vorgenommenen Änderungen des Textes lediglich redaktionelle Bedeutung.

Entscheidend aber sind die sich aus der zweiten Konstruktion ergebenden Folgen. Diese verbieten die Annahme, daß das Reichsstrafrecht und das in den Kolonien geltende Strafrecht zueinander in einem selbständigen Verhältnis stehen

Durch § 3 des Schutzgebietsgesetzes in Verbindung mit dem § 19 des Konsulargerichtsbarkeitsgesetzes sind die §§ 3 ff. des Reichsstrafgesetzbuches, die ihre Geltung auf das gesamte Strafrecht erstrecken,[1]) in den Schutzgebieten mit eingeführt, von welchen § 3 R.St.G.B. besagt, daß die Strafgesetze des Deutschen Reiches auf alle im Gebiet des Deutschen Reiches begangenen strafbaren Handlungen Anwendung finden, während in § 4 ausgesprochen ist, daß wegen der im Auslande begangenen Verbrechen und Vergehen in der Regel keine Verfolgung stattfindet; Ausland ist aber nach § 8 jedes nicht zum Deutschen Reiche gehörige Gebiet Daß im Sinne des § 8 ebenso wie im Sinne des § 3 die Schutzgebiete nicht zum Gebiete des Deutschen Reiches ge-

---

[1]) vergl. dazu z. B. Binding Handbuch § 82. Insbes. über die Grenzen der Geltung des § 8 Anm. 3 auf Seite 401 u. a.

hören, kann ernstlich garnicht bestritten werden. Die Schutzgebiete gehören staatsrechtlich und völkerrechtlich dem Deutschen Reich, aber sie sind ihm nicht einverleibt, sie gehören nicht zum Deutschen Reich. Das ist im Ergebnis jetzt durchaus anerkannt, wenn über die Formulierung auch gestritten wird.[1]) Daß aber das Strafgesetzbuch seinerseits sich einer anderen Bestimmung des Auslandsbegriffes bedient habe, wie des durch den Inhalt der Reichsverfassung bestimmten (Vorbemerkung vor Art. 1 und Art. 1) dafür fehlt jedweder Anhaltspunkt. Wobei noch zu bemerken ist, daß beim Erlaß des Reichsstrafgesetzbuches das Deutsche Reich nicht im Besitz von Schutzgebieten war.

Hinzu tritt folgendes: § 3 des Schutzgebietsgesetzes stellt der Bestimmung, daß die nach § 19 des Konsulargerichtsbarkeitsgesetzes in den Konsulargerichtsbezirken geltenden Vorschriften der Reichsgesetze auch in den Schutzgebieten „gelten" sollen, die Bestimmung gegenüber, daß eine Reihe anderer Vorschriften des Konsulargerichtsbarkeitsgesetzes für die Schutzgebiete „entsprechende" Anwendung finden sollen. Diese Gegenüberstellung verbietet die Annahme „entsprechender" Geltung der materiell-strafrechtlichen Bestimmungen der Reichsgesetze in den Schutzgebieten, insbesondere der §§ 3 ff. R.St.G.B. Diese gelten dort vielmehr direkt.

Die Folge wäre, daß für die §§ 3 ff. auch in den Schutzgebieten die Schutzgebiete Ausland wären. Demgemäß müßten dort nur die im Gebiete des Deutschen Reiches begangenen strafbaren Handlungen bestraft

[1]) Vergl. dazu die Lehrbücher des Staatsrechts, ferner die Arbeiten von v. Stengel; die Abhandlung von Sabersky S. 8 ff. und die dort Zitierten.

werden. Die im Gebiete der Kolonien begangenen Straftaten müßten nach Deutschem Reichsstrafrecht nie, weder in Deutschland noch in den Schutzgebieten bestraft werden, und sie könnten nur in den durch die §§ 4 ff. R.St.G.B. gezogenen Grenzen bestraft werden. Sodaß insbesondere in den Schutzgebieten begangene Übertretungen überhaupt unbestraft zu bleiben hätten, solange darüber nicht besondere „Gesetze oder Verträge" (§ 6 R.St.G.B.) ergangen wären.

Eine weitere Folge dieser zweiten Konstruktion wäre die, daß die Verfolgung einer nach Deutschem Reichsstrafrecht strafbaren Handlung in den Grenzen der §§ 4 ff. R.St.G.B. sowohl von Seiten des Deutschen Reiches, wie von Seiten der Deutschen Schutzgebiete erfolgen könnte, ohne daß die Aburteilung der Tat in dem einen Gebiete diejenige in dem anderen notwendig hinderte. Schutzgebiete und Mutterland ständen insoweit in dem gleichen Verhältnis zu einander, wie irgend ein weder zu diesem noch zu jenem gehöriges Territorium zu einem von beiden.

Alle diese Folgen werden durch die zuerst bezeichnete Konstruktion des Verhältnisses vermieden. Sowohl im Verhältnis zu einander, wie auch bezüglich solcher Straftaten, die weder im Gebiete des Deutschen Reiches, noch in dem der Schutzgebiete begangen sind, bilden Deutsches Reich und Schutzgebiete dann eine Einheit. Der Begehungsort des Verbrechens hat in ihrem Verhältnis lediglich strafprozessuale Bedeutung.[1])

---

[1]) Daß die Schutzgebietsgerichte Deutsche Gerichte sind, darüber vergl. z. B. v. Stengel in Deutsche Strafgesetzgebung der Gegenwart II S. 402, Koebner Enzykl., II S. 1094 u. A. Im übrigen möchte ich annehmen, daß im Sinne des § 9 StPO. die Schutzgebiete für das Deutsche Reich Ausland sind und umgekehrt. Dies deshalb, um den Umkreis der

Hiermit stimmt im Ergebnis auch die herrschende Meinung überein.[1]) Sie wird oft so gefaßt, daß gesagt wird, die Schutzgebiete seien strafrechtlich Inland.[2]) Versteht man darunter dasselbe wie: Sie bilden im Bezug auf die räumliche Herrschaftsmacht der Strafrechtssätze eine Einheit und nicht mehr oder weniger, so ist das richtig.[3])

Widerspruch gegen die herrschende Lehre ist von Seiten Frank's[4]) erfolgt. Er erklärt, Ausland im Sinne des Strafgesetzbuchs sei alles, was staatsrechtlich außerhalb des zum Deutschen Reiche gehörigen Gebietes liege, also auch die Kolonien des Reiches. Wenn die herrschende Lehre diese als Inland ansehe, so sei dem entgegenzuhalten, daß nach § 8 des Reichsstrafgesetzbuches der Begriff des Inlandes keineswegs identisch sei mit

---

Fälle, in welcher die in einem Gebiet begangene Handlung vor ein Forum des anderen gezogen werden kann, zu vermehren. Dies empfiehlt sich deshalb, weil sich sonst häufig ein kostspieliges Ablieferungsverfahren nötig macht; cf. dazu die Anw. II des Preuß. Kriegsministeriums an die Militärgerichte, betr. Ersuchen an Behörden im Auslande vom 18. November 1901, Art. B. I 1abgedruckt bei Gerstmeyer S. 117.

[1]) Vergl. z. B. v. Stengel in Strafgesetzgebung II S. 401 ff.; Seuffert eod. I S. 15; Doerr S. 328.

[2]) Vergl. z. B. Sassen in Ztschrft. f. Kol.Pol. VIII S. 619; Olshausen Komm. zum StGB. § 4 Anm. 20 und die dort Zitierten; Sabersky S. 54 ff. Binding, Handbuch I S. 406 ff., die Kolonien seien Inland, wenn (1885 geschrieben) das Strafgesetzbuch dort in Kraft gesetzt sei, denn sie seien zwar nicht Staatslands- aber Staatsgewaltsgebiet des Deutschen Reiches; Koebner Enzykl. S. 1092 ff.

[3]) Sehr korrekt v. Liszt Lehrb. § 22 II: „Inland im strafrechtlichen Sinne ist das einheitliche Gebiet der Strafrechtssätze."

[4]) Komm. zu § 8; ferner in DJZ. I S. 128 ff., falsch auch die in dem Komm. zum Sklavenraubges. bei Stenglein· Die strafrechtlichen Nebengesetze, Berlin 1903 ausgesprochene Meinung, die Schutzgebiete gehörten im Sinne des § 5 dieses Gesetzes zum Ausland.

dem Geltungsgebiet des Strafgesetzbuches, sondern sich einfach nach staatsrechtlichen Grundsätzen bestimme. Das neue Konsulargerichtsbarkeitsgesetz habe sich dieser Ansicht ausdrücklich angeschlossen, indem es im § 26 ausdrücklich eine kaiserliche Verordnung darüber vorsehe, inwieweit die Konsulargerichtsbezirke im Sinne der Strafrechtssätze als Inland anzusehen seien.

Hierbei ist der Sinn der Einführung des materiellen Reichsstrafrechts in den Schutzgebieten verkannt. Durch diese Einführung sind die §§ 4 ff. des Reichsstrafgesetzbuches für die Schutzgebiete im Verhältnis zum Mutterlande gegenstandslos geworden.

Mit dem Vorstehenden ist aber nicht gesagt, daß die Schutzgebiete strafrechtlich in jeder Beziehung in die Rolle eines inländischen Gebietsteiles des Deutschen Reiches oder gar eines deutschen Bundesstaates eingerückt seien.

Zwar wird man der Vereinheitlichung von Mutterland und Schutzgebieten im Bezug auf die räumliche Herrschaftsmacht der Reichsstrafrechtssätze einen möglichst weitgehenden Umfang geben müssen und wird deshalb z. B. für diejenigen Bestimmungen, welche den Rückfall unter verschärfte Strafe stellen, falls die Vordelikte im Inland begangen sind (vgl. die §§ 244, 264 des Reichsstrafgesetzbuches), annehmen, daß hier unter Inland die Schutzgebiete mit zu verstehen sind.[1]) Und man wird ferner z B. auch annehmen müssen, daß im Sinne des § 140 Ziffer 1 des Reichsstrafgesetzbuches

---

[1]) Ebenso z. B. Fleischmann in DJZ. X S. 1035 Sp. 2; Sassen l.c. S. 620; Olshausen l.c. zu § 244 RStGB. 7a; Beling die strafrechtliche Bedeutung der Exterritorialität 1896 S. 186; A. M. Frank zu § 244/45 Anm. II; v. Stengel Strafgesetzgeb. II S. 402.

(Verletzung der Wehrpflicht) die Kolonien mit unter den Ausdruck Bundesgebiet zu rechnen sind.

Bei § 361 Ziffer 2 des Reichsstrafgesetzbuches dagegen muß man zweifeln, ob man unter Bundesgebiet die Kolonien mit zu verstehen hat oder nicht. Die Folge der Verneinung wäre, daß dann derjenige, der verbotswidrig in die Schutzgebiete zurückkehrt, obgleich er aus ihnen ausgewiesen worden ist, nicht bestraft werden könnte. Denn die Bestimmungen des Reichsstrafgesetzbuches finden ja zufolge der dem § 19 Ziff. 2 des Konsulargerichtsbarkeitsgesetzes und dem § 3 des Schutzgebietsgesetzes gegebenen Fassung in den Schutzgebieten direkte und nicht entsprechende Anwendung Deshalb wird man sich dafür entscheiden müssen, daß die Schutzgebiete im § 361 Ziff. 2 unter dem Ausdruck Bundesgebiet mit zu verstehen sind.

Immerhin bleibt noch ein — wenn auch kleiner — Kreis von Bestimmungen übrig, für welche es nicht möglich ist, aus der Fassung des Gesetzes („ in den Schutzgebieten gelten") zu folgern, daß für sie die Schutzgebiete zum Inlande gehören, für die also die von Frank vertretene Ansicht zutrifft.

Dies ist außer dort, wo das Gesetz es als seinen Willen ausdrücklich bezeigt [1]) z. B. insbesondere überall da der Fall, wo nicht eine Beziehung zwischen Begehungsort des Verbrechens und Bundesgebiet, sondern wo das Bundesgebiet als Handlungsobjekt des verbrecherischen Angriffs in Frage kommt.

---

[1]) cf. z. B. die Seemanns-Ordnung v. 2. Juni 1902 RGBl. S. 175 § 6, einerseits Abs. 1: „Die Schutzgebiete gelten im Sinne dieses Gesetzes als Inland"; andererseits Abs. 2. „Deutsche Häfen im Sinne dieses Gesetzes sind nur die Häfen des Reichsgebietes".

Deshalb kann z. B. zwar derjenige, der es unternimmt, die Verfassung des Deutschen Reichs gewaltsam zu ändern, in den Schutzgebieten wegen Hochverrats bestraft werden, denn der § 81 des Reichsstrafgesetzbuches gilt ja dort. Und er muß bestraft werden, auch dann, wenn er die Handlung nicht in Deutschland, sondern von den Kolonien aus begeht, Schutzgebiete und Mutterland bilden ja für den Begehungsort eine Einheit; § 4 Ziff. 2 des Reichsstrafgesetzbuches ist insoweit gegenstandslos. Aber es ist nicht möglich denjenigen zu bestrafen, der es unternimmt, die Verfassung der Schutzgebiete gewaltsam zu ändern. Denn insoweit gehören die Schutzgebiete zufolge des dort eingeführten § 3 des Reichsstrafgesetzbuches nicht mit zum Deutschen Reiche. Entsprechendes wird man ferner auch für den § 167 des Reichsstrafgesetzbuches zu sagen haben, sodaß in den Schutzgebieten zwar der bestraft werden kann, der einen anderen durch Gewalt oder Drohung hindert, den Gottesdienst einer im Deutschen Reich bestehenden Religionsgemeinschaft auszuüben, nicht über derjenige, der die Ausübung des Gottesdienstes einer nur in den Schutzgebieten bestehenden Religionsgesellschaft hindert.[1])

[1]) Dabei ist zu bemerken, daß in Art. 6 der Kongoakte folgendes steht: „Gewissensfreiheit und religiöse Duldung werden sowohl den Eingeborenen wie den Landesangehörigen und Fremden ausdrücklich gewährleistet. Die freie, öffentliche Ausübung aller Kulte, das Recht der Erbauung gottesdienstlicher Gebäude und der Errichtung von Missionen, welcher Art Kultus dieselben angehören mögen, soll keinerlei Beschränkungen noch Hinderung unterliegen". Art. 6 kommt in Betracht für die Teile von Ostafrika und Kamerun, die im konventionellen Kongobecken liegen.

cf. ferner § 14 des Schutzgebietsgesetzes, der einen viel beschränkteren Inhalt hat.

Da es dem Gesetz natürlich unbenommen ist, darüber zu entscheiden, was es in der einzelnen Bestimmung unter Inland und unter Ausland oder gleichbedeutenden Ausdrücken verstehen will (§§ 3 ff. R.St.G.B. haben nur die Bedeutung allgemeiner Auslegungsregeln)[1]) so bedarf es auch hier im einzelnen einer oft unsicheren und mühsamen Erschließung des gesetzlichen Willens nach allgemeinen Interpretationsgrundsätzen. Hierbei werden die durch Koebner[2]) hervorgehobenen Gesichtspunkte gute Anhaltspunkte sein. Allerdings kommen dabei hier tatsächlich nur das Moment örtlicher Entfernung und die damit verbundenen Verkehrsschwierigkeiten in Frage. Koebner's Ausführungen, die eine völlig erschöpfende Aufzählung der möglichen Gesichtspunkte übrigens nicht darstellen, beweisen, daß nur selten die Schutzgebiete im Sinne einer Strafrechtsbestimmung Ausland sein können, und es ist bezeichnend, daß weder er noch Sabersky Beispiele dafür bringen, wo im Sinne einer Strafrechtsbestimmung die Schutzgebiete als „Ausland" zu betrachten seien.

Die sich hieraus möglicherweise ergebenden Mißhelligkeiten zu beheben, darin besteht für den Bereich des Strafrechts die Bedeutung des § 26 des Konsulargerichtbarkeitsgesetzes, der außerdem noch die Aufgabe hat, etwaige Zweifel zu beseitigen darüber, ob im Einzelfalle die Behandlung der Kolonien als Inland noch durch den Sinn der Einführung des Reichsstrafrechtes in den Schutzgebieten gerechtfertigt erscheint.

---

[1]) Binding Handbuch S. 376.

[2]) Enzykl. S. 1092 ff. cf. ferner Sabersky S. 17 u. A.

V.

Zusammenfassende Kritik.

Die mit Vorstehendem dargestellte Regelung gibt Anlaß zu den folgenden zusammenfassenden kritischen Bemerkungen:

Die wiederholt getadelte[1]) formale Abhängigkeit der kolonialen Strafrechtspflege vom Konsularrecht ist überflüssig. Es ist kein Grund einzusehen, warum nicht der Inhalt des Konsulargerichtsbarkeitsgesetzes, soweit er auch für die Schutzgebiete gelten soll, nicht in das Schutzgebietsgesetz mit aufgenommen und damit eine höchst wünschenswerte Vereinfachung der reichlich unübersichtlichen und komplizierten gesetzlichen Regelung bewirkt werde.

Die in Frage kommenden Gesetzesbestimmungen entbehren der notwendigen Klarheit und Eindeutigkeit, halten einer juristisch-dogmatischen Analyse nicht stand und lassen mannigfachen Zweifeln und Bedenken Raum. Diese Zweifel und Bedenken knüpfen sich insbesondere an die Fassung des § 19 Ziffer 2 des Konsulargerichtsbarkeitsgesetzes. Hier ist vor allen Dingen nicht eindeutig klar, was man unter „Gesetz" zu verstehen hat.[2]) Es ist ferner zu bedauern, daß die Fassung dieser Bestimmung in Verbindung mit derjenigen des § 3 des Schutzgebietsgesetzes dazu zwingt, die Geltung des gesamten materiellen Reichstrafrechtes in den Schutzge-

[1]) cf. oben I Anm. 3. [2]) Oben S. 19 ff.

bieten anzunehmen,[1]) und daß es einer mühsamen, sichere Resultate nicht ergebenden Einzeluntersuchung unter jedesmaliger Beachtung der lokalen Verhältnisse bedarf, um an der Hand des unpräzisen § 20 des Konsulargerichtsbarkeitsgesetzes festzustellen, die Anwendbarkeit welcher Bestimmungen des Reichsstrafrechts für die Schutzgebiete oder Teile derselben tatsächlich ausschaltet.[2]) In dieser Hinsicht müssen die besonderen Schwierigkeiten anerkannt werden, hier eine geeignete Formel zu finden, welche die sämtlichen in Frage kommenden reichsstrafrechtlichen Bestimmungen und nur diese klar umschreibt, und die es zugleich zum Ausdruck bringt, inwieweit künftig in Krafttretendes Reichsstrafrechts auch in den Kolonien gelten soll. Es ist deshalb zu erwägen, ob sich insoweit nicht eine enumerative Methode empföhle mit der Maßgabe, daß es künftigen Gesetzen überlassen bliebe, über ihre Geltung in den Schutzgebieten ihrerseits Bestimmungen zu treffen.[3]) Es ist weiter zu bedauern, daß der Gebrauch des Ausdrucks „Anwendung finden" in § 20 des Konsulargerichtsbarkeitsgesetzes im Gegensatze zu der Bezeichnungsweise „gelten" im § 19 desselben Gesetzes und in § 3 des Schutzgebietsgesetzes zu der Annahme zwingt, daß auch die zufolge des Fehlens der erforderlichen Einrichtungen und Verhältnisse in den Schutzgebieten keine Anwendung leidenden reichsstrafrechtlichen Bestimmungen doch die Wirkung äußern, daß sie den Erlaß von lokalen Strafbestimmungen hindern, soweit dies der Inhalt der trotz ihrer Unanwendbarkeit

---

[1]) Oben S. 19 ff.

[2]) Oben S. 32 ff.

[3]) cf. Fleischmann in DJZ. X S. 1035. Vergl. z. B. die Seemannsordnung vom 2. Juni 1902 § 6 Abs. 1 und oben S. 54 Anm. 1.

dennoch geltenden Strafbestimmungen ausschließt.[1]) Weiter ist die Art des Verhältnisses zwischen Reichsstrafrecht und dem in den Kolonien geltenden Strafrecht nicht genügend klar zum Ausdruck gebracht.[2]) Es bleiben Zweifel an der Richtigkeit der Ansicht bestehen, daß Mutterland und Schutzgebiete strafrechtlich eine Einheit bilden und endlich bleibt unklar, wieweit diese Vereinheitlichung sich erstreckt.

Dagegen entspricht das der Regelung der kolonialen Rechtspflegeordnung zugrunde liegende Prinzip, wenn anders es in dieser Arbeit richtig erkannt ist, soweit es sich hierbei um das materielle Strafrecht handelt, sowohl der eigentümlichen Beziehung zwischen Mutterland und Schutzgebieten, als auch den in den Schutzgebieten bestehenden eigentümlichen kulturellen und zivilisatorischen Verhältnissen. Dieses Prinzip ist folgendes:

> Die Schutzgebiete bilden mit dem Mutterlande für die Herrschaft der materiellen Strafrechtssätze eine Einheit. Die materielle Strafrechtspflegeordnung der Schutzgebiete weicht von der für das Mutterland durch das Reichsstrafrecht geschaffenen nur insoweit ab, als die dort bestehenden besonderen Lebensverhältnisse sowie die Zivilisation der Kolonien dies notwendig machen.

Die Erstreckung der Herrschaft der mutterländischen Strafrechtssätze auf die Schutzgebiete und deren Unterworfenheit unter künftig entstehende Reichsstrafrechtssätze entspricht der Erstreckung mutterländischer Staatsgewalt[3]) auf die Kolonien sowie der Tatsache, daß diese

---

[1]) cf. oben S. 41 ff. [2]) cf. oben S. 48 ff.

[3]) Binding Handbuch I S. 406.

den mutterländischen Interessen zu dienen bestimmt sind. Die Aussonderung der Eingeborenen und der ihnen Gleichgestellten aus der Reihe der den Reichsstrafrechtssätzen Unterworfenen wird dem Erfordernis gerecht, daß das deutsche Strafgesetzbuch nur dann Anwendung finden soll, wenn die dafür erforderliche Zivilisation vorliegt, wie sie jener Personengruppe fehlt.[1]) Die Bestimmung des § 20 des Konsulargerichtsbarkeitsgesetzes endlich in Verbindung mit dem § 3 des Schutzgebietsgesetzes sucht der Tatsache Genüge zu leisten, daß die kulturellen Besonderheiten der Schutzgebiete die ausnahmslose Verpflanzung der heimischen materiellen Strafrechtspflegeordnung in die Schutzgebiete auch für Weiße und die ihnen Gleichgestellten verbieten.

Abschließend kann man deshalb sagen:

> Von einer Reform des Schutzgebietsrechts ist für das materielle Strafrecht ein klarerer, konsequenterer, eindeutigerer und einfacherer Ausdruck des ebenbezeichneten, der jetzigen Regelung bereits zugrunde liegenden Prinzips zu verlangen.

[1]) cf. Koebner z. B. in den Mitt. der JKV. XI S. 546 u. W.

Druck von Otto Walter, Berlin S 14.

Kolibri 360 GmbH
Ferdinand-Jühlke-Straße 7
99095 Erfurt, Deutschland
produktsicherheit@kolibri360.de